中国社会科学院中国边疆史地研究中心　**厉声 主编**

当代中国边疆·民族地区典型百村调查：**新疆卷（第二辑）**

分卷主编：**马品彦　李　方**

分卷副主编：**孟　楠　许建英**

中国社会科学院中国边疆史地研究中心

当代中国边疆·民族地区典型百村调查：新疆卷（第二辑）

厉 声 主编

西气东输源头上的维吾尔族村庄

——新疆库车县牙哈镇守努提一村调查报告

何运龙◎著

社会科学文献出版社

SOCIAL SCIENCES ACADEMIC PRESS (CHINA)

总 序

　　深入实际、开展国情调研，是中国社会科学院肩负
的重要科研任务，也是中国社会科学院履行好党中央、
国务院赋予的"思想库"、"智囊团"职能的重要方式。
中国边疆省区占国土面积的 60% 以上，边疆区情及当地
的民族社会调研（边疆调研）是中国国情调研的重要组
成部分。正如一位边疆工作者所说：不了解少数民族，
就不了解中华民族；不了解边疆，就不了解中国。1983
年中国社会科学院中国边疆史地研究中心建立后，特别
是 1990 年以来，一直将边疆调研作为学科研究的重点
之一。

　　2004 年，中国边疆史地研究中心承担国家社科基金
特别项目"新疆历史与现状综合研究"（简称"新疆项
目"）。2006 年，中国边疆史地研究中心牵头，立项开展
"当代中国边疆·民族地区典型百村调查"（简称"百村
调查"），作为此特别项目的子课题。"百村调查"以新
疆为重点，在全国新疆、西藏、内蒙古、宁夏、广西五
个民族自治区和云南、吉林、黑龙江三省基层地区同时
开展，共调查 100 个边疆基层村落。调查工作在"新疆
项目"领导小组和专家委员会指导下，由"百村调查"

专家委员会暨编委会组织实施。在中国边疆史地研究中心主持拟定的调查大纲框架下，发挥每个省区的优势，体现各自的特色。

本项目的实施得到了边疆地区各级地方党政部门的支持。首先，调查工作注意与地方党政部门的相关工作衔接、听取意见，在实施调查之前，主动向各级党政部门汇报情况，听取指示和意见。其次，调查组主动让各级党政部门了解调研的全过程，在调研过程中出现问题时及时向相关党政部门请示。再次，调研阶段成果和最终成果的副本同时提供地方党政部门参考。

"百村调查"的调研主题是：改革开放30年来中国边疆基层村落的民族社会和经济发展的历史与现状。具体内容包括：乡村概况、基层组织、经济发展、社会生活、民族、宗教、文教卫生、民俗风情等。项目调研的时间是：2007～2008年（资料下限至2007年底或适当延长）。

"百村调查"的调研对象为：100个具有典型意义与特色的中国边疆基层村落。课题以基层乡、村两级为调查基点，大致每个省区选择2个地州，每个地州选择1～2个县，每个县选择2个乡，每个乡选择2个村。新疆共调查22个村，其他地区均为13个村（辽宁、吉林、黑龙江以东北边疆为单元，共调查13个村）。调查点的选择要求：

（1）本地区社会稳定与经济发展中具有典型意义的基层乡和村。

（2）存在边疆现实政治、社会或经济发展的热点、难点问题。

（3）与20世纪50年代全国边疆民族调查能有一定的衔接。

"百村调查"采取学术调查与现实政治相结合的方法，以社会人类学入村入户调研方法为主，同时关注现实政治、社会与经济发展中的热点、难点问题：一般共性调查与专题专访调查相结合，在一般综合性调查的基础上，选择好专访或专题调研的"切入点"——总结经验与完善不足相结合，在总结各项工作经验的同时，善于发现问题和提出解决问题的对策与建议。调研注重入户访谈和小范围座谈的专访调查。在一般性问卷和统计资料收集的基础上，注重对基层干部、群众典型、教师、宗教人士等特定人员的专题访谈，倾听和收集他们对基层社会稳定与经济发展的看法、意见和建议，形成能说明问题的专访或专题调研报告。

"百村调查"的成果形式分为调查综合报告与专题报告两大类。

（1）调查综合报告：依据大纲规定，撰写有关乡村经济社会等发展状况的综合报告，课题结项后分期公开出版。专题报告及调查资料可以公开发表的，在篇幅允许的情况下，作为附录附在综合报告末尾。

（2）专题报告：内容较敏感、不适宜公开出版的专题报告，集成《专题报告集》，内部刊印。

"百村调查"总主编　厉声　谨识

2009年8月25日

目　录
CONTENTS

图目录
FIGURE CONTENTS

表目录
TABLE CONTENTS

3

序 言
FOREWORD

　　"当代中国边疆·民族地区基层社会与经济发展典型调研"是中国社会科学院中国边疆史地研究中心主持的国家社会科学基金特别项目"新疆历史与现状综合研究"的子课题，这项课题调查的范围包括新疆、西藏、内蒙古、广西、云南、吉林、黑龙江 7 个边疆省区及宁夏民族地区。2006 年 12 月，课题在北京正式启动。课题组（以后称丛书编委会）在这次会议上决定，在上述地区选择具有典型意义的 100 个村落开展调查，因此，这项课题又称"当代中国边疆·民族地区典型百村调查"（简称"百村调查"）。作为会议的重要内容之一，这次会议还决定了各个地区调查村落的数目，新疆作为这次大型调查活动的重点区域，分配了 22 个村的调查任务，其他地区均为 13 个村（后来有所调整，吉林省与黑龙江省共调查了 13 个村）。

一　新疆作为重点调查区域的原因与选点的基本思路

　　新疆地区之所以作为这次调查的重点区域，除了该课题是"新疆历史与现状综合研究"的子课题，理所当然应以新疆为重点之外，还有深刻的客观原因。

第一，新疆是中国行政面积最大的边疆省区，全疆共有 160 多万平方公里。新疆"三山夹二盆"（北为阿尔泰山脉、中有天山山脉、南为昆仑山脉，前两山夹准噶尔盆地，后两山夹塔里木盆地），自然地理环境独特，天山居中将新疆分为南北两部分，俗称南疆、北疆；东部哈密、吐鲁番等地俗称东疆。南疆、北疆、东疆鼎足而三，调查点要覆盖这些地区，村落的数目自然要比其他地区多。

第二，新疆是中国国境线最长、接壤国家最多的省区。新疆从东北到西南与蒙古国、俄罗斯联邦、哈萨克斯坦共和国、吉尔吉斯斯坦共和国、塔吉克斯坦共和国、阿富汗共和国、巴基斯坦共和国、印度共和国 8 个国家接壤，国界线长达 5600 多公里。国界线长意味着边境村镇众多，接壤国家多意味着国际关系复杂。改革开放以来，新疆作为中国对外开放的窗口和前沿阵地，制定了"全方位开放，向西倾斜，外引内联，东联西出"发展外向型经济的方针。2001 年 6 月，中、俄、哈、吉、塔、乌六国成立上海合作组织。该组织刚开始主要进行军事和安全领域的合作，2006 年发展到 11 个成员国和观察员国，合作范围扩展到政治、安全、经济与人文各个领域，新疆连接欧亚大陆桥的桥头堡的作用更加凸显。新疆的这种地理环境和形势格局，势必深刻影响到本地区的各个层面。本次调查以"边疆基层地区"为主题，调查内容不仅涉及新疆基层地区的经济社会发展状况，而且涉及对外交流状况、边境安全问题、边境村生产生活的现状，甚至跨国婚姻、跨境民族（新疆在边疆省区中跨国、跨境民族最多），等等，内容相当广泛。

第三，新疆是少数民族最多的省区之一。全疆有 47 个民族（据说近年来又有所增加，达到 50 多个），其中 13 个民族是世居民族，分别是维吾尔族、汉族、哈萨克族、回族、蒙古族、柯尔克孜族、锡伯族、塔吉克族、乌孜别克族、满族、达斡尔族、塔塔尔族和俄罗斯族。维吾尔族是新疆的主体民族。本次调研虽然不以少数民族为主题，而以"边疆村落"为主旨，但是新疆的社会人口结构，以及本课题所要求的"典型性"，都决定了调查点必须考虑各民族的分布、各民族不同生产方式和生活习俗对社会经济的影响、各民族之间的关系等问题，以便于更清晰地反映新疆基层地区的现实状况。

第四，新疆是唯一现存生产建设兵团的边疆省区。屯垦戍边，开发边疆，巩固边防，是中国传统的治国方略。早在 1949 年 10 月，中央即开始筹备建立新疆军区生产建设兵团，1954 年建成正规化的兵团国营农场，其后其他边疆地区如广西、云南、内蒙古、黑龙江、西藏也都陆续建立了生产建设兵团（或生产建设师）。兵团在维护边疆社会稳定、建设和保卫边疆、维护国家统一和安全方面发挥了重要的作用。但是，"文化大革命"期间兵团生产遭到了严重破坏，1975 年，中央决定撤销新疆建设兵团，以后其他地区生产建设兵团（建设师）也陆续进行了改制。1981 年，由于形势发展的需要，新疆生产建设兵团得以恢复。新疆生产建设兵团有一套自己的管理体制和系统，与地方的管理体制和系统不同，在改革开放的形势下，新疆生产建设兵团的经济社会发展状况如何，基层连队的生产生活状况如何，其与地方基层村落的关系如何，也是我们必须关注的问题。

第五，新疆自然条件相对恶劣。新疆是典型的干旱气候区，降水稀少，导致新疆的地表资源非常有限。在新疆的地表资源中，60%是荒漠化土地（全国荒漠化土地面积332.7万平方公里），耕地面积为4万平方公里，仅占新疆土地面积的2.5%；可用草地面积为47.09万平方公里，占新疆土地面积的28%；森林覆盖率为2.1%，居全国倒数第二位（全国平均覆盖率为16.55%）；总水量为691.3亿立方米，属于严重缺水的地区；适合人类居住的面积为14.76万平方公里，占新疆土地面积的8.89%，而新疆总人口为2010万人（2005年）。在地表资源如此贫乏的土地上发展农牧渔业，养活如此多的人，实属不易。在近30年的发展过程中，新疆与东部沿海地区及内地经济发展差距日益增大，尤其是南疆维吾尔族聚居的农村贫困问题还十分严重。如何克服地表资源的不足，发展农林牧渔业，缩小与全国其他地区的差别，搞好扶贫开发工作，也是我们调查工作不能回避的问题。

另外，新疆宗教状况复杂，有些地区民族关系较为复杂，"东突"分裂势力一直没有放弃分裂的企图，"三股势力"与国际恐怖势力关系甚密，近年来贩毒、艾滋病问题较为严重，这些都是新疆比较特殊的地方，也是新疆备受国际、国内关注的原因。因此，在新疆进行全面调研，任务十分艰巨。

以上是新疆何以成为这项大型调查工作重点的原因，实际上，这些原因就是新疆的基本特点，也是我们安排布置22个调查点的基本出发点。我们正是根据这些基本特点来梳理这次调查的基本思路，力图将这些基本特点反映在本次调查工作之中。当然，选择调查点还要考虑以下三个因素：（1）在本地区的社会稳定与经济发展中具有典型意义的基层乡村；（2）存在边疆现实政治、经济、社会发展热点、难点问题的基层乡村；（3）能与20世纪50年代全国边疆民族调查有一定衔接的基层乡村。

二　新疆 22 个调查点（村）的具体安排情况

按照丛书编委会的要求，选择调查点以基层乡村为基点，原则上一个县选择2个乡，一个乡选择2个村。新疆共有22个村，总体上应选择11个乡。我们在充分调研的基础上，按南疆、北疆、东疆三大区域分配，将这11个乡安排在5地州、6县之中。具体安排如下。

南疆地区：

1. 和田地区墨玉县

（1）扎瓦乡：①夏合勒克村（20世纪50年代初、80年代、90年代进行过调查）；②依格斯艾日克村。

（2）喀尔赛乡（与47团相邻）：①阿塔村；②喀尔墩村。

2. 阿克苏地区库车县

（1）比西巴格乡（20世纪50年代进行过调查）：①格达库勒村（民汉混居村，2005年进行过调查）；②科克提坎村（扶贫重点村，20世纪50年代中期、2005年进行过调查）。

（2）牙哈乡（距塔里木油田较近）：①守努提一村；②阿合布亚村。

3. 乌什县

牙满苏柯尔克孜民族乡：尤卡特村（与吉尔吉斯斯坦共和国相邻）。

北疆地区：

4. 伊犁地区霍城县

（1）清水河镇（20世纪50年代进行过调查，粮食生产为主，汉、回、维吾尔族为主）：①二宫村；②西卡子村。

（2）三宫回族乡（回、东乡族为主）：①上三宫村；②下三宫村。

（3）新疆生产建设兵团农四师61团农二连。

5. 阿勒泰地区布尔津县

（1）杜来提乡（1972年进行过调查，属"2817"工程区域，农牧业结合）：①哈拉塔尔村；②阿合达木村。

（2）冲乎尔乡（哈萨克、蒙古、汉、东乡等多民族聚居）：①奇巴尔托布勒克村；②布拉乃村。

东疆地区：

6. 哈密地区巴里坤哈萨克自治县

（1）石人子乡：①石人子村（汉，农业为主）；②韩家庄子村（汉、蒙古、哈萨克族为主，牧业为主）。

（2）沙尔乔克乡：苏吉东村。

（3）花园乡：花园子村（农业为主）。

下面有必要说明我们选择这6个县的主要理由。

（1）墨玉县、库车县、霍城县、巴里坤哈萨克自治县这4个县20世纪50年代皆曾做过调查；而布尔津县、乌什县，以及霍城县、巴里坤县这4个县又均为边境县。

（2）南疆的墨玉县和库车县，均以维吾尔族为主，分别代表着传统农业经济占主导地位和现代工业迅速发展的两种类型，目前又都是社会局势较为复杂的区域。

（3）北疆的霍城县是原伊犁地区的大县，邻近边境，霍尔果斯口岸即在该县，多民族人口杂居，社会局势相对复杂。近年由江苏无锡市一批援疆干部担任县的主要领导，成为东西部协调发展的一个典型。北疆的布尔津县在 20 世纪 80 年代末实施了由联合国粮食计划署资助的 "2817" 项目，1000 多户牧民因此定居。追踪调查该县牧民定居后的生活状况及经济发展情况，探讨牧民发展之路，很有必要。

（4）东疆的巴里坤哈萨克自治县，亦为多民族聚居区，汉族文化影响较大，在东疆有一定的代表性。

（5）新疆社会科学院的研究人员对这 6 个县均进行过多次不同主题的调查，情况较为熟悉。

从上述安排我们也可以看到，这 6 县中的 11 乡、22 村（点）也同样具有各自的特点和典型意义，这里有南疆维吾尔族农业村、北疆哈萨克族为主牧业村、多民族和谐聚居村、石油工业带动发展村、旅游业促进发展村、特色产业发展村、边境贸易民族村、边境生产建设兵团连队、兵地密切互助村、南疆扶贫开发村、联合国项目资助新建村、等等，这些村（点）可以从不同侧面，集中反映新疆农牧区的基本情况和主要问题。

三　新疆课题组构成及调查方法与进展状况

本项目新疆方面的课题主持人是新疆社会科学院的马品彦研究员、中国边疆史地研究中心的李方研究员和许建英副研究员。课题主持人主要负责课题设计的指导规划、调查工作的组织实施、调查报告的内容审查，以及出版工作的组织协调等工作。

课题组成员主要由新疆社会科学院的研究人员和新疆

大学的教师组成。课题组共分5个调查小组，其中新疆社会科学院有4个调查小组，新疆大学有1个调查小组。每个调查小组各有4~5名调查员，其中少数民族、汉族成员若干。调查组成员的要求是：（1）有田野调查的经验；（2）工作负责，吃苦耐劳，有协作意识；（3）能够独立完成村级报告的写作。每个调查小组有组长一人，全面负责调查小组的具体工作。调查小组组长是本次调查工作的关键人物。

各调查小组的具体分工是：孟楠教授负责南疆和田地区墨玉县；王磊组长负责南疆阿克苏地区库车县、乌什县；李晓霞组长负责北疆伊犁地区霍城县；石岚组长负责北疆阿勒泰地区布尔津县；苏成组长负责东疆巴里坤哈萨克自治县。

我们这次调查工作主要采取的是社会学、人类学、民族学的基层调查方法，通过入户访谈、问卷调查、会议座谈，收集县乡村各级政府、自治组织的文献材料，拍摄各种图像资料，以专访、专题调研为"切入点"，在一般性问卷和统计资料收集的基础上，注重对基层干部、群众典型、教师、宗教人士等特定人员的专题访谈，倾听和收集他们对基层社会稳定与经济发展的看法、意见和建议，在此基础上形成能说明问题的专访或专题调研报告。同时，将一般共性调查与专题专访调查结合起来，进行全面深入的分析研究。

具体工作可分为四个阶段。

第一阶段：前期准备工作。（1）按照丛书编委会提供的样板和要求，设计调查方案、调查问卷及访谈提纲，组织调查小组组长在巴里坤县一个点进行试调查，在此基础上修改调查方案；（2）将调查问卷、访谈提纲分别翻译成维吾尔文、哈萨克文；（3）调查成员研读所负责县乡的现有相关资料；（4）培训所有调查人员，内容包括调查方案的解析、调查方法及注意事项、访谈提纲和调查问卷的详细说明，试填调查问卷，分配各调查组成员的调查写作任务；（5）与调查县联系调查事宜；等等。

第二阶段：各小组分别下县乡村实地调查，在县、乡召开座谈会，入村入户进行访谈，收集文字资料，拍摄图像，对调查点及所在县乡形成初步认识。

第三阶段：整理、分析、研究收集到的材料和数据，深化对调查点的认识，撰写调查报告。

第四阶段：按照新疆分卷主持人和丛书编委会的要求，补充材料，修改、完善调查报告。

四　本次基层调查活动的评估和预期

"当代中国边疆·民族地区典型百村调查"是中国首次以"边疆基层村落"为主题进行的大型调查活动，这项调查活动在新疆也是仅见的，因此，无论从学术价值，还是从现实价值而言，这项调查工作的意义都是重大的。这里我们有必要回顾一下中华人民共和国成立以来在新疆开展的各次调查活动，在比较中明确本次调查活动的意义。

中华人民共和国成立后，国家对新疆少数民族的调查研究非常重视。从1952年起，国家曾组织众多专家学者在新疆进行大规模的社会历史调查。路径是先调查各少数民族的社会生产力、社会所有制和阶级情况，然后搜集历史发展资料和风俗习惯，进而对各民族历史做系统研究。这次对少数民族社会历史的调查参与人数之多、调查地域之广、撰写资料之丰富，都是前所未有的。调查人员不辞辛苦地做了大量调查笔记，搜集了各种文献资料。根据这次调查和文献研究，出版了"民族问题五种丛书"及大量的调查报告。调查报告主要收集于《新疆农村社会》（上、下册）、《新疆牧区社会》两本文集中，从而为新疆开展民族识别，推行民族区域自治制度，推动民主改革和社会主义改造，制定各项民族政策，发展少数民族地区的经济文化和各项事业，加强民族研究工作，提供了科学的依据和丰富的材料。但是，这次调查以少数民族为重点，不是以边疆基层为主题。另外，规定要为政治服务，许多值得调查的问题如传统文化等，都不同程度地被忽视了，这是这次调查活动的主要不足。

此后对于新疆基层社会的调查研究时断时续，覆盖区域或涉及内容均十分有限。如 1972 年新疆民族研究所对阿勒泰地区的阿勒泰市、哈巴河县、布尔津县进行牧区社会调查，发表了《解放前阿勒泰哈萨克牧区社会》调查报告；20 世纪 80 年代后期新疆社会科学院与新疆大学在南疆莎车县和墨玉县进行"新疆开发与民族问题研究"课题的调查，出版了《南疆脱贫问题社会学调查》；20 世纪 80 年代末在库车县进行国情调查，出版了《国情丛书·库车卷》；20 世纪 90 年代中国社会科学院民族研究所组织"中国少数民族现状与发展调查"，出版了《富蕴县·哈萨克族卷》、《墨玉县·维吾尔族卷》；2002 年云南大学组织研究人员分别对新疆维吾尔、哈萨克、柯尔克孜、塔吉克、乌孜别克、塔塔尔、俄罗斯 7 个少数民族较为集中的村寨进行选点调查，出

版了《中国民族村寨调查丛书》7 本；2005～2006 年新疆
社会科学院民族研究所对库车县、察布查尔锡伯自治县进
行调查；等等。这些调查仍然以少数民族为主要调查对象，
或就某一专题而设计，或着眼于某一局部地区，对于边疆
问题基本未涉及或涉及得较少。国外更无有关边疆的调查
和相关研究。

中华人民共和国成立尤其是改革开放以来，新疆发生
了巨大的变化，同时出现了不少新的现象和新的问题，在
这样的情况下，全面、深入调查研究新疆基层地区情况和
新疆出现的新现象、新问题，就成为边疆工作者义不容辞
的责任。中国边疆史地研究中心作为国家级专门研究边疆
的学术机构，以高度的社会责任感和敏锐的职业嗅觉，认
识到边疆基层调研的重要性和迫切性，从而设计了这个大
型课题。生活、工作在新疆的边疆工作者对这个课题当然
也十分感兴趣，从而有了这一次的合作。本课题的实施，
预期将对党和政府制定相关政策，国人探讨新疆基层发展
道路，学者研究边疆社会、经济、民族、文化等问题，发
挥重要的作用。

这次调查工作总体来说是比较圆满的。这是因为，虽
然每位调查工作者了解的情况有多有少，认识的程度有深
有浅，理论水平有高有低，表达能力有强有弱，但是，参
与这项工作的每位同志都是以认真负责的态度对待这项工
作的，这就为这项工作的圆满完成打下了坚实的基础。此
其一。中国边疆史地研究中心在设计调研提纲时，对调查
的内容做了较为详细的规定，举凡乡村概况、基层组织、
经济发展、社会生活、民族、宗教、文教卫生、民俗风情

都规定有专门章节论述（也允许有地方特色的章节），并规定必须到当地获取第一手资料，以亲眼所见和调查问卷、座谈访谈等方式，结合文献书面材料，综合分析研究，以保证内容的完整性、信息的可靠性和结论的可信性。此其二。在选择调查点和前期准备工作及人员安排方面，新疆课题组都做了精心的安排，以确保调查点具有典型性，调查撰写工作具有实效性，从而以点带面，较全面地反映新疆村落经济社会发展的基本状况。此其三。如前所述，此前尚无从"边疆基层"这个角度进行调查的活动，因此，这次调查工作具有开创性的意义。从开创性这个层面来看，这个工作无论如何都是有贡献的。此其四。当然，由于新疆地域广大，路途遥远，我们下去调查工作的次数不多，下到基层的时间亦不长，对基层的认识或许有所不足；且由于参加调查撰写的作者众多，水平不一，成果质量参差不齐，甚至可能出现一些错讹。在此，作为丛书新疆卷的主编，我们代表相关作者表示歉意，并恳请广大读者和专家批评指正。

这次调查的一本本调查报告，就像一个个坐标，将把新疆基层村落发展的状况定格在瞬息万变的历史发展阶段之中，留下永恒的记忆；又像一把把钥匙，将把新疆基层村落的发展引向无穷无尽的未来，成为新的历史阶段的新起点。这是我们对这次调查活动的评估，也是我们对这次调查工作效果的预期。确实与否，有待读者的评价。

马品彦　李　方

2009 年 8 月 22 日

第一章　基本概况

守努提一村位于新疆维吾尔自治区库车县牙哈镇。库车古称龟兹，有悠久的历史。库车素有"歌舞之乡"、"西域乐都"、"瓜果之乡"的美誉。有维吾尔、汉、回、哈萨克、柯尔克孜、蒙古、俄罗斯、锡伯、满、乌孜别克等十多个民族。随着塔里木石油、天然气的开发，库车现已发展成了一个石油化工基地。

第一节　库车县概况

一　库车县历史发展概况

库车县位于新疆维吾尔自治区中西部，地处天山中段南部，塔里木盆地北缘。北是绵延的群山，南是浩瀚的塔克拉玛干大沙漠。在高山和沙漠之间是一望无际的半坡和平原，其间沟壑纵横，戈壁连绵，星星点点的绿洲点缀其间。库车古称"龟兹"，历史悠久，文化灿烂。库车县共有面积 1.5 万平方公里，其中山区占 7/15，平原占 8/15。库车县城位于县境中心偏西处，东距自治区首府乌鲁木齐市 751 公里，西至地区驻地阿克苏市 257 公里。东与巴音郭楞蒙古自治州的轮台县相邻，西与阿克苏地区的新和县、拜城县相邻，南与阿克苏地区的沙雅县及巴音郭楞蒙古自治州的尉犁县相邻，北与巴音郭楞蒙古自治州的和静县相邻。

库车古称龟兹，根据历史记载，已有 2000 多年的历史。西汉神爵二年（公元前 60 年）置西域都护，治乌垒城（今轮台策大雅），龟兹国归其统辖，龟兹王及下属官员皆佩汉印绶。西汉中期龟兹国有居民 6900 余户，约 8 万多人，胜兵 2 万，由国王统治。匈奴强盛时，龟兹王受匈奴在西域所置僮仆都尉约束，有时倚恃匈奴势力西侵姑墨、温宿、尉头，其势力最远曾达莎车、疏勒。古代西域诸国相互吞并，时分时合，龟兹国成为天山南部最有影响的王国之一。① 在有史记载的 2000 多年间，众多的民族或部族活跃在库车这片绿洲上。汉代有龟兹土著、来自中原的都护府官吏和众多的汉族屯垦士卒、游牧驰骋的匈奴、魏晋南北朝时期的柔然、嚈哒。隋唐时期的突厥、吐蕃、黠戛斯也曾是这片绿洲上的过客。唐开元以后，回鹘逐渐强大，回鹘的一支迁徙到安西都护府的东部地区，与当地土著民族逐渐融合，由游牧转向定居，共同开发这一地区，并且也接受了佛教文化。据文献记载，隋唐时期，龟兹一带的佛教活动十分兴盛，当时的城中佛塔寺庙 1000 余座，且装饰华美，信徒定期行像，载歌载舞，好不热闹。如《大唐西域记》载："伽蓝百余所，僧徒五千余人，习学小乘教说一切部。经教律仪，取则印度，其习读者即本文矣。"同时玄奘还对龟兹流行的僧徒斋戒活动盛况作了记述："上自君王，下至士庶，损废俗务，奉持斋

---

① 《库车县志》，新疆大学出版社，1993，第 60 页。

戒，受经听法，渴日忘疲，诸僧伽蓝，庄严佛像，莹以珍宝，饰之锦绮，载诸辇舆，谓之行像，动以千数，云集会所。"[1] 宋元之际，西辽王朝，蒙古汗国先后统治这里。库车是察合台汗国封地，但察合台汗国后裔自元末就争战不休，战争不断，人民流离失所，土地荒芜，生产和社会发展受阻。

14 世纪中叶，库车发生了重大变革，伊斯兰教战胜佛教，带有阿拉伯色彩的文化艺术开始传播，人民由信奉佛教改信伊斯兰教。17 世纪，库车被准噶尔部控制，横征暴敛，民不聊生。清乾隆年间，平定大小和卓叛乱后，库车人民在鄂对领导下，拥护统一，反对分裂，支持清政府行使中央对地方的管辖。此后百年间，库车河、渭干河流域人民通过增添和改善水利设施，不断垦荒造田，仅嘉庆二十五年（1820）即开荒造田 5.3 万亩，因而也使库车绿洲出现了田畴相连，村落相望，集市繁荣，货物充盈的好景象。但承平日久，由于办事大臣和伯克们日益腐败，致清同治三年（1864）在渭干河水利工地引起了农民起义。同治五年（1866），阿古柏的铁蹄践踏库车大地，库车人民再度陷入水深火热之中。光绪三年（1877）清军收复库车，设善后总局，着手修浚河道，安抚百姓，让民众恢复生产，休养生息。光绪十年（1884）新疆建省，政令统一，地方安宁。新疆建省后废除了管理回部事务的伯克制，设库车直隶抚民厅，管理境域约为今库车、沙雅、新和 3 县。下设东乡、上南乡、中南乡、西乡 4 个乡，辖141 个庄。其中东乡辖 37 庄，在这 37 庄中有现在牙哈镇

---

[1] 《库车县志》，新疆大学出版社，1993，第 682 页。

所辖的阿合布亚、喀朗古、克日希、托和奈、塔克马克、麻扎巴克、玉奇玉吉买等村庄。[①] 但在 37 个村庄中未找到守努提村的名称，由此可见，这时守努提村尚未形成。光绪二十八年（1902）由库车拨 28 回庄设沙雅县。隶属库车直隶州。据宣统元年（1909）调查，库车直隶州计有 18151 户，99435 人，干渠 40 条，支渠 108 条，灌溉土地 65.4 万亩，使库车绿洲有了较大发展。

库车在古代就是丝绸之路上的著名商埠，汉唐时期就有中原富商和胡商在此定居，胡商主要来自古代的大秦、波斯、阿拉伯等国家和地区。不论土著民族还是客居民族，在这块土地上都留下了自己的烙印和影响。在特定的历史环境下，人数较少的民族往往改变自己的生活习俗，通过联姻等方式不断融入到人口众多的民族之中。勤劳朴实的维吾尔族，在成为主体民族的过程中，既保留了自己的优势和特点，又融合了很多其他民族的因素和文化，继承和发扬了被融合民族的经验和智慧。汉唐屯垦带入的中原文化和农艺，历代中央政权经营边疆时带来的工匠和技术，对社会发展都起到了重要的作用。库车绿洲的开发和社会进步是多民族共同努力的结晶。守努提一村是库车绿洲的一部分，所以，它对库车绿洲的经济发展也起到了一定的推动作用。

在社会发展的各阶段，库车人民造就了一些杰出人物，并留下了丰富的文化遗产。一座座有中国特色的丰碑，至今耸立在各族人民的心目中。魏晋时期的龟兹高僧

---

① 《库车县志》，新疆大学出版社，1993，第 62 页。

佛图澄①到中原讲学，把西域文化带到了中原，后秦时期的翻译家鸠摩罗什②到内地讲经传教，并翻译了大量佛经。此二人在沟通中原与西域文化、促进交流方面起到了非常重要的作用。北周武帝娶突厥可汗的女儿为后，善弹琵琶的乐师苏祗婆随乐队前往，其弹奏一均（yùn 韵）之中有七声，丰富了中国乐理。在历史的关键时刻，库车人民一贯深明大义，维护统一，反对分裂，如乾隆年间维吾尔族首领、库车王鄂对和夫人热衣木，先后支持清政府统一准噶尔部和平定大小和卓叛乱，功勋卓著，清史留名。③

　　民国二年（1913）库车设县，县境设为 5 个区，政府为缓解财政困难，弥补粮食不足，解决游民增多等社会问题，提倡开渠垦荒，农业经济有所发展。民国十一年（1922）年划西乡 12 庄设托克苏县佐。民国十九年（1930）建托克苏县，将渭干河以西村庄全归托克苏（今新和县）管辖。盛世财执政新疆后，在共产党人的帮助下，贯彻反帝、亲苏、民平、清廉、和平、建设六大政策。民国二十八年（1939）中共党员林基路调任库车县县长，为改变库车贫穷落后的面貌，他骑马考察了全县的自然环境，引导库车人民修建了哈源渠和阿木渠，共长 25 公里，把塔里木

---

① 佛图澄（232～348），西域人。本姓帛，龟兹（今库车）人。9 岁在乌长国（今印度河上游）出家。曾两次赴罽宾（今克什米尔）学习佛法。西晋怀帝永嘉四年（310）至洛阳，时年已 79 岁。他能诵经数十万言，善解文义、知见超群。《高僧传》说他门下受业追随的常有数百，门下弟子几近万人。

② 鸠摩罗什（344～413），龟兹（今库车）人，自幼聪敏，7 岁随母出家，曾学天竺诸国，遍访名师大德，深究妙义。他年少精进，又博闻强记，于是备受瞩目和赞叹。他东晋时到长安，从事译经，成为我国一大译经宗师，故对佛教的发展有很大贡献。

③ 《库车县志》，新疆大学出版社，1993，第 2 页。

河水引入库车新渠，解决了五六万亩土地的缺水问题。民国三十年（1941），库车县动员了8000多名民工在塔哈力克修筑了一条长1200米，高4米，底宽8米，上宽4米的拦洪大坝，又在库车河上修建了"团结新桥"。民国三十三年（1944），库车县实行保甲制，全县设6镇6区18乡228保2417甲，共10.88万人。抗日战争胜利前夕，国民党在新疆的势力不断增加，伊犁、塔城、阿勒泰三区革命爆发，新疆省政府在库车设重兵防御，征粮送草，群众负担增加，各族人民生活又陷入苦难之中。

1949年9月26日，陶峙岳、包尔汉率新疆军政人员宣布起义，新疆和平解放。1949年11月13日，中国人民解放军西北野战军第一兵团二军四师先遣部队路经库车，撤销了县参议会，县长丁立南继续留任至1950年5月。1949年12月24日，中国人民解放军第一野战军二军五师十三团进驻库车，各族人民迎来了解放。1950年3月29日中共库车县委成立，4月1日库车县人民政府成立。[①] 各族人民在党和政府的领导下，着手进行艰苦的经济恢复工作。当时，县城残破的城墙内是狭窄的街道，简陋的土屋，又遭国民党部队劫掠，到处都是破败景象。全县只有一所邮局2名职工，一个卫生所6名医护人员，全县96%的人是文盲。农村则水渠颓败、桥闸失修、耕地高低不平，耕地的农具主要是原始落后的二牛抬杠，播种仍旧沿袭落后的骑马撒种方式，人均粮食不足140公斤。近500万亩草场，放牧着23万头（只）牲畜，平均每21.3亩载畜1头（只）。全县连一个兽医站都没有，一旦遇上疫情发生，牲畜就会大批

---

① 《库车县志》，新疆大学出版社，1993，第5页。

死亡，人民的生活十分艰苦。

1951 年 9 月，在民主建政的基础上，库车各族人民开始减租反霸、土地改革和继之而来的社会主义改造运动，逐渐变私营经济为全民经济和集体经济，改变了生产关系，解放了生产力，生产稳定发展，工农业生产总值逐年递增。1949 年至 1957 年，工农业生产总值平均年递增 4.62%，其中粮食总产从 20508.5 吨增加到了 27110.5 吨，增长 32%，人民生活水平普遍提高。1956 年库车全县设 1 镇 9 区 38 乡 14 个居民委员会。

1958 年库车县也和全国一样掀起了"大跃进"、"大炼钢铁"运动，由于强迫命令，急于求成，浮夸蛮干，极大地挫伤了农民的生产积极性，导致国民经济严重失调，生产力遭到严重破坏。后经"调整、巩固、充实、提高"，各项生产关系逐步理顺，生产建设有序开展，并兴建了库车灌区的干渠、支渠、闸涵。守努提一村的灌溉干渠也是在这个时候修建的。

"文化大革命"中，由于在农村单纯强调以粮为纲，搞"农业学大寨"，从上到下割"资本主义尾巴"，不允许社员发展庭院经济和副业生产，限制私人养畜，搞平均主义、吃"大锅饭"之风盛行，挫伤了人民群众的生产积极性，造成国民经济长期停滞，甚至局部倒退。1976 年，库车全县的工农业生产总值只有 7801.76 万元，比 1966 年降低了 6.22%，人均收入从 1966 年的 146.43 元降到了不足 120 元，且多数社队难以兑现，贫困户占到了农户的 30% 以上。在困难的环境中，共产党员、广大干部和各族群众出于对党和国家的热爱，坚信社会主义，拼搏在改土治水重新安排山河的工地上，在全县人民的共同努力下，完成了引水工程、蓄水工程、水源地建设工程，完善了一批农田水利基础设施。守努提一村也和其他乡村一样，生产生活未能得到任何改变，一直过着一穷二白的日子。

1978年12月，党的十一届三中全会召开，从此开始了我国改革开放的新时期，拨乱反正，毅然抛弃了"以阶级斗争为纲"的错误路线，把党和国家的工作重心转移到了社会主义现代化建设上来，做出了实行改革开放的伟大决策。从1978年开始，对农村经济体制进行改革，广泛推行联产承包生产责任制，打破了分配上的平均主义。农民的生产积极性被调动起来，各种专业户、重点户、科技示范户应运而生。1984年，牙哈公社改名为牙哈乡，相应的大队也改成了村委会。农民在逐年增收的基础上，购买农机、地膜、化肥、兴修水利、增加投入，使农业连续增产丰收。农村改革的成功，也促进了城市经济体制的改革。工交、商贸、建筑等各行各业，在改革中求生存、求发展，企业活力增强，经济效益不断提高。1990年，全县粮食总产达145142吨，棉花总产达11531吨，油料总产2070吨，牲畜存栏63.98万头，分别是1949年的7.56倍、44.78倍、2.53倍、2.73倍。按照1990年337346人计算，人均粮食达到430.25公斤。在经济发展的同时，文化、教育、卫生事业也得到飞速发展。1990年全县有幼儿园45所，学前班99个班，小学178所，中学18所。有医疗卫生机构24所，专业卫生技术人员642人，病床738张。还有文化馆、图书馆、电影院、剧院、广播电台、中波转播台、电视录像转播台等文化设施。守努提一村人的生活水平在这一时期也有了很大的提高。

20世纪90年代中期，由于非法宗教活动盛行，宗教极端主义、民族分裂主义、暴力恐怖主义"三股势力"在南疆地区大肆泛滥，并且制造了多起暴力恐怖事件，严重地影响了广大人民群众的正常生产生活秩序，干扰了当地的社会经济发展。为了维护祖国统一、维护民族团结、维护社会稳定，中央于1996年下发了7号文件，并明确指出："影响新疆稳定的主要因素是民族分裂和非法宗教活动。"自治区为了贯彻中央7号文件精神，在全疆开展了声势浩大的集中整治活动，重点是打击民族分裂主义骨干分子、暴力恐怖犯罪分子和宗教极端势力为首分子。通过集中整治，使敌对势力受到了沉重打击，使部分地区社会治安非正常状况有了明显的好转，使人民群众的思想觉悟有了很大的提高，使非法宗教活动得到了有效的遏制，使基层基础工作得到了进一步加强，使社会形势大为好转。[①]

进入21世纪以来，随着西部大开发战略的实施，新疆的社会经济发生了巨大的变化。库车县的社会经济也发生了翻天覆地的大变化，据2006年统计，库车全县总面积为1.5万平方公里，总人口为10.35万户，42.31万人，平均每户4.09人，其中城区人口15万人。[②]库车县下辖9镇6乡，5个国营农牧场，217个行政村，38个社区居委会，城区面积37平方公里，有中央、自治区、兵团、地区驻库车企事业单位和部队200余个。全县在2006年完成地方生产总值35.63亿元（不含石油），同比增长20.1%，其中：第一产业完成7.72亿元，同比增长6.1%，第二产业完成

---

① 《新疆百科全书》，中国百科全书出版社，2002年8月第1版，第329页。

② 阿克苏地区统计局编《阿克苏地区领导干部统计手册（2007）》，第51~52页。

17.58 亿元, 同比增长 27.8%, 第三产业完成 10.33 亿元,
同比增长 19.33%。三次产业结构调整之后, 产业结构现已
调整为 22:49:29。完成固定资产投资 25.85 亿元, 同比增
长 16.86%。实现社会消费品零售总额 6.85 亿元, 同比增
长 16.9%, 完成财政预算收入 75155 万元, 同比增长 58%,
县域经济综合竞争力不断增强, 已跃居中国西部百强县
(市) 第 22 位 (2005 年数据), 入围中国最具投资潜力中
小城市第 58 位。

二 库车县的自然环境状况

守努提一村位于中国美丽的新疆维吾尔自治区库车县
牙哈镇东南方。守努提一村相对于库车绿洲来说并不算大,
但守努提一村的自然环境和生存条件与库车绿洲上的所有
村庄一样, 都与库车绿洲上的山川、河流、气候、温度、
风暴、沙尘等息息相关。因此要了解守努提一村的情况,
就不能不了解库车的山山水水。

1. 地理资源

(1) 山川。库车县位于天山南部中段, 北部是绵延的
天山山脉, 各支脉多系东西走向, 连绵起伏, 海拔均在
1400~4550 米之间, 后山区呈高山地貌, 山体高大, 分水
岭清晰, 山坡陡峭, 河谷细狭, 侵蚀切割深达 600~1000
米。海拔 4000 米以上的山峰终年积雪, 夏天, 积雪和冰川
融水侵蚀形成巨大的河谷、河流, 为库车的绿洲经济提供
了丰富的水力资源。主要山脉有: 却勒塔格山 (维吾尔语,
意为荒山)、皮亚孜力克能拜什力克阿克塔格山 (维吾尔
语, 意为有洋葱生长的五个白颜色的山)、巴旦木阿克塔格
山 (维吾尔语, 意为巴旦木生长的白山)、喀拉勒克乔喀山

（维吾尔语，意为黑峰山）、喀拉克尔山（维吾尔语，意为黑埂子山）、克拉玛克阔坦山（维吾尔语，意为蒙古人的牲畜圈山）、秋落克塔克山（维吾尔语，意为牛皮靴样的山）、吐瑞克拜什塔格山（维吾尔语，意为五个柱子山）、牙吾日塔什山（维吾尔语，意为坟墓形的山）、欧拉乌维斯山（维吾尔语，意为雪鸡睡觉的山）、喀拉吐木修克山（维吾尔语，意为黑山嘴）。

（2）沟壑。库车绿洲北部山区，除地壳运动所形成的构造带外，经过亿万年的洪水冲刷形成了很多沟壑。这些沟壑在山区多是牧地延至平原的通道，并成为主要泄洪沟。琼木孜力克艾肯（维吾尔语，意为大冰川沟），位于库车城东北 88.5 公里处，沟长 8 公里，东西走向，两侧云杉葱郁，绿草如茵，四季皆可放牧。高处冰川融水汇入沟中，形成宽约 3 米的水流，注入游览胜地大龙池。乌什开力克艾肯（维吾尔语，意为山羊多的沟），位于城北 65 公里，沟长 6 公里，南北走向，沟内干旱少雨，植被稀疏，可放牧小群山羊。克孜勒艾肯（维吾尔语，意为红沟），位于牙哈镇东北 40 公里，沟长 11 公里，宽约 400 米，南北走向，沟内多麻黄、锦鸡和野草，可放牧。巴格苏盖特艾肯（维吾尔语，意为柳树园沟），位于牙哈镇北 40 公里，南北走向，长 16 公里，底宽 10 米许，沟内山坡上多柳树、杂草，沟底有泉水汇流，适宜放牧。喀尔塔什艾肯（维吾尔语，意为多雪的石头沟），位于库孜翁牧场西北 13 公里，沟长 27 公里，底宽 10 米，南北走向，两侧多灌木杂草，上连冰山雪峰，沟底泉水汇流，适宜放牧。喀让古艾肯（维吾尔语，意为阴暗的沟），位于牙哈镇西南 16 公里处，上起自库车河北山龙口，向东经阿艾乡、伊西哈拉乡、牙哈镇、东河塘乡，沟长 32 公里，宽 80 米，因流经平原地带，既为库车河的泄洪沟，又是库车河灌区的天然排水渠。天山神秘大峡谷，又称克孜利亚大峡谷，位于库车县城北 64 公里处 217 国道旁。1995 年被发现，2003 年入选"中国十大最美峡谷"，呈东西向，纵深长约 5.5 公里，为红褐色岩石经风雕雨刻而成，峡谷曲径通幽，山体千姿百态，峰峦直插云天，峡谷随山势变化，忽宽忽窄，宽处有 53 米，窄处只有 0.4 米，也就仅容一人侧身通过。峡谷地貌是中国罕见的旱地自然名胜风景区。由红褐色的巨大山体群组成，维吾尔语称"克孜利亚"（红色的山崖），实为亿万年风雨剥蚀、山洪冲刷而成的山间峡谷。

（3）河流。流经库车绿洲的河流主要有 4 条，分别是渭干河、库车河、塔里木河、拉依苏河。其中渭干河，由拜城县境雅尔干河、克孜尔河汇合后形成渭干河，然后切穿却勒塔格山，经克孜尔石窟寺、库木吐拉石窟寺，蜿蜒流入库车绿洲的平原地带。库木吐拉石窟寺水文站测量的年径流量为 22.1 亿立方米，河道流程 452 公里，其上游河段水能资源丰富，已建成的库木吐拉电站，总装机容量 4×1600 千瓦，出山之后，在龙口将水分配给库车、新和、沙雅 3 县灌溉农田。库车河，发源于天山山脉的哈里克他乌山东段，自北向南流，穿过却勒塔格山，抵达兰干水文站。兰干水文站以上集流面积 2956 平方公里，流程 127 公里，平均年径流量 3.31 亿立方米，库车河在兰干水文站处建了库车河引水枢纽，河水经龙口几乎全部引进输水总干渠用于农田灌溉。塔里木河，是我国最长的内陆河，是塔里木盆地的主要河流，在库车县西南向东北穿过草湖地区，塔里木河在库车县境段河床宽浅弯曲，两岸质地松散，河道坡度小，泥沙淤积严重，历史上靠洪水漫溢以及河流改道，灌溉着两岸的胡杨林、红柳林和草场，并形成许多沼泽和小湖。20 世纪 70 年代后，由于上游用水量增加和一些拦河调节水库的建成，大大削减了洪峰流量，洪水很难漫出河槽，致使两岸森林草场枯萎。近年来虽经多次人工引水灌溉，但由于引水难以固定，效果不佳，上游附近新渠满水时，水文站测得多年平均径流量为 43.9 亿立方米。拉依苏河，亦称二八台河，发源于天山南麓的地那达坂。上游河段称开来和奇，位于库车高山区的东部，集流面积 256 平方公里，平均海拔 3141 米，年均降水 490 毫米，产生的径流量约 0.38 亿立方米。这些径流抵达依奇力克时已全部渗入地下，经 15 公里的地下径流后在阿依库木西处以上升泉溢出地面，泉水经五六公里集流后出山口，其流量为 1.31 立方米/秒，在山口处引入防渗渠道后输送至二八台农场，出山后的河道平时干涸，暴雨时可泄洪，最大暴雨洪水约 300 立方米/秒，河道穿过乌鲁木齐至喀什的 314 国道后进入荒漠戈壁并逐渐消失。

（4）平原绿洲。乌喀公路（乌鲁木齐至喀什）即国道 314 线，以南是广阔的平原，自西北向东南倾斜，海拔在 922～1120 米之间，平均坡降 0.08%。平原北半部，自西向东是渭干河冲积洪积平原，库车河洪积平原和东部的洪积扇群带，南部是塔里木河冲积平原。平原西部是一个近似直角三角形的绿洲，南北边长约 60 公里，东西边长 55 公里，总面积约 1700 平方公里，这里是库车县灌溉农业区的集中地带，其间村落密布，绿树掩映，水渠交错，道路纵横，守努提一村在这片绿洲的东部边缘。东南部有塔里木河自西向东北方向穿过，由于塔里木河的洪水漫溢和渭干河下游段的泉水和弃水，使塔里木河两岸约 2500 平方公里植被繁密，生长着茂盛的胡杨林或红柳丛和牧草，俗称草湖，东部山前洪积平原，由于土层较薄，又缺乏水源，形成了较大的盐碱性荒漠。

2. 气候和气温

库车绿洲地处暖温带，热量丰富，气候干燥，降水稀少，夏季炎热，冬季干冷，年温差和日温差都很大，属暖温带大陆性干旱气候。

（1）日照和气温。新疆空气干燥，云量较少，晴天多，雨天少，太阳辐射十分丰富，年辐射总量为 5000 兆 ~ 6000 兆焦耳/（平方米·年），是我国太阳能丰富地区，新疆太阳能辐射量南疆多于北疆，东部多于西部。守努提一村由于位于塔里木盆地北缘，全年干旱少雨，日照非常充分。据《库车县志》记载，库车全年日照累积时长达 2924.8 小时，7 月份最长，日平均 9.1 小时，12 月份最短，日平均 6.1 小时。日照百分率 3 月份为 59%，4 月份为 58%，其余月份都在 60% 以上，9 ~ 11 月份高达 70% 以上。太阳辐射强度大，年总辐射量 114.3 千卡/平方厘米。

库车平原地带气候温暖，热量充分，年平均气温为 11.4℃，其中 7 月份最高，平均气温为 25.8℃，1 月份最冷，平均气温为 -8.0℃，年极端最高气温为 41.5℃，极端最低气温为 -27.4℃。年日均气温 ≥0℃ 的多年平均天数为 273 天，累积温度达 4740.4℃，年日均气温 ≥5℃ 的平均天数为 242 天，累计积温 4641.3℃，年日均气温 ≥10℃ 的平均天数为 202 天，累计积温 4515.6℃，年日均气温 ≥15℃ 的平均天数为 161 天，累计积温 3716.0℃，年日均气温 ≥20℃ 的平均天数为 107 天，累计积温 2658.2℃。由于热量

14

丰富，非常适宜农作物的生长，积温足以保证粮、棉、油和瓜果、蔬菜的成熟。这为各种农林果蔬生长提供了非常好的气候条件。

表 1-1　日照、辐射、气温变化表

月　份	日照时数（小时）	日照率（%）	太阳辐射（千卡/平方厘米）	最高气温（℃）	最低气温（℃）	平均气温（℃）	平均温差（℃）
1	197.9	67	6.7	-2.1	-12.8	-8.0	10.8
2	200.8	67	7.9	3.8	-6.9	-2.0	10.7
3	219.3	59	11.3	13.1	1.9	7.3	11.1
4	230.6	58	13.3	21.3	9.3	15.1	11.9
5	279.4	62	16.9	26.7	14.5	20.6	12.2
6	287.6	64	17.9	30.3	17.8	24.1	12.6
7	296.4	65	18.1	32.1	19.5	25.8	10.0
8	287.6	67	16.1	31.2	18.6	24.9	12.6
9	268.2	72	12.7	26.4	13.9	20.0	12.5
10	254.6	74	10.4	18.7	6.2	12.6	12.5
11	212.7	73	7.1	8.3	-2.3	2.4	10.6
12	189.7	67	5.9	-0.3	-10.3	-5.9	10.0
全　年	2924.8	66	144.3			11.4	11.46

（2）降水和湿度。库车绿洲平原地带，据观察测算，年平均降水量为67.3毫米，其四季分布为：春季（3~5月）降水14.2毫米，占21%；夏季（6~8月）降水36.6毫米，占54%；秋季（9~10月）降水11.7毫米，占17%；冬季（12~2月）降水4.8毫米，占7%。年最大降水量194.7毫米（1958年），是平均降水量的3倍，年最小降水量仅33.6毫米（1962年），造成大旱，最长无降水日达153天。

3. 土地和土壤

库车是一个非常美丽的戈壁绿洲。这为库车县、牙哈镇、守努提一村发展农业经济提供了良好的自然条件。经过多年不断建设，库车县的农业生产已经基本上实现了条田化、良种化、耕作机械化、植棉地膜化、管理科学化。库车全县总面积15007.5平方公里，折合2251.13万亩。北部高山区360.40万亩，占总面积的16.01%；低山区708.88万亩，占总面积的31.49%；南部平原区1181.84万亩，占总面积的52.50%。其中宜牧地1196万亩，可垦荒地354.78万亩；耕地90.22万亩，按2006年42.31万人计算，人均耕地2.12亩。这里的土壤主要为潮土、灌淤土、灌耕棕漠土三大类，占农业土壤总面积的96.4%。潮土是库车县境内主要农业土壤，面积97万亩，占农业土壤总面积的70.38%，主要分布在渭干河灌区和库车河灌区的牙哈、乌尊等7个乡镇一带。守努提一村的土壤也属于这种适宜农作物生长的潮土和灌淤土。

4. 植被资源

库车绿洲受西北高、东南低之气候、土壤、水文等影响，原始植被有很大差异，后因人类放牧、开发等生产活动的影响，使自然植被更趋复杂。

（1）原始植被。在北部山区，海拔2400～3500米的山之阴坡、半阴坡或湿润的山谷两侧生长着成片的雪岭云杉。在海拔1600～2000米的山坡上生长的有山杨、苦杨、高山柳等。山坡和中低山沟河谷生长着多种灌木，主要有新疆圆柏、蔷薇、忍冬、梭梭、花楸、枸杞等。在海拔2900～3700米分布有高山草甸，优势草种有苔草、火绒草、紫菀、蒲公英等，覆盖度高，产草多，是水草丰美的夏牧场。在

16

海拔 2000～2900 米处，山地草原带与森林带交错，林缘地带、林间空地牧草茂密，是优良的夏秋牧场。海拔 2000 米以下低山地带，地表砾石裸露，土壤干燥贫瘠，牧草稀疏，植被主要是麻黄草、芨芨草、猪毛草、盐爪爪、琵琶柴、骆驼刺等。

　　山区草甸、草场和山林中多菌类、藻类等低等植物。菌类主要有大白枯蘑、獐子菌、松乳菌、纯白枯蘑、田头菇、冬菇、木蹄菌等，均可食用，有的可入药。也有少数有毒菌类，如大毒滑锈伞、大苑花褶伞、秋盖胞伞等。山前荒漠地带植被很少，主要是骆驼刺、戈壁藜、霸王鞭、白刺、梭梭、蒺藜、沙棘、红柳等。平原草生植被有串串芦、牛毛草、甘草、芦苇、芨芨草、马兰、苦苦菜、蒲公英、车前子、狗尾草、野艾、野蒿、野苜蓿、野薄荷等。盐碱地带多盐碱植物，主要有碱蓬、梭梭、红柳、骆驼刺、胖姑娘、盐蒿、盐爪爪等。

　　从山区到平原，野生药材资源相当丰富，主要药用植物有：水菖蒲、秦艽、大黄、野葱、野蒜、马齿苋、麻黄、罗布麻、薄荷、紫草、瓦松、车前子、木贼、手掌参、紫花、黄芪、甘草、列当、芦根、羌活、板蓝根、茵陈、茜草、党参、锁阳、蒲公英、一枝蒿、马兰、老头草、雪莲、桦树皮、松柏、藁本、三棱、马勃、大力子、苍耳、苦豆子、野罂、菟丝子、曼陀罗、贝母、金银花、扁蓄、野玫瑰花、大蓟、小蓟、大芸、柴胡、独活、香豌豆、骆驼蓬、柽柳、沙枣、骆驼刺、野蔷薇、龙齿菜、梭梭葡萄、野萝卜、莱菔子、亚麻、铁角蕨、欧锦马、中麻草、珠芽蓼、水蓼、睡莲、地肤、飞燕草、荨麻、大叶藜、刺藜、柴莱莉、赤芍、小檗、元胡、荠菜、铁线莲、播娘蒿、磨松草、异叶胡杨、景天、翻白草、款冬花等。

（2）栽培植被。库车绿洲一带的栽培历史可上溯二三千年，汉代龟兹国时期即有众多的栽培作物，这些作物往往沿丝绸之路传入中原以及中亚、西亚。同时东至中原、西至葱岭以西的谷物、瓜果、蔬菜也传入龟兹，使本地作物品种更趋多样化。中华人民共和国成立后，随着农林畜牧业的发展，品种引进更多。栽培作物主要有：

粮食油料类：冬麦、春麦、玉米、高粱、水稻、糜子、黄豆、豌豆、绿豆、蚕豆、油菜、胡麻、红花、芝麻、油葵、葵花等。

瓜果蔬菜类：西瓜、甜瓜（哈密瓜）、老汉瓜、香瓜、犁瓜、黄瓜、菜瓜（又叫搅瓜）、冬瓜、南瓜、苦瓜、丝瓜、葫芦瓜、水萝卜、春萝卜、蔓菁、胡萝卜、冬白菜、春白菜、油白菜、菠菜、韭菜、芹菜、花菜、莲花白、芥菜、雪里蕻、大葱、大蒜、洋葱、芫荽（通称香菜）、莴笋、番茄、茄子、辣椒、四季豆、豇豆、甘蓝、土豆、甘薯、洋姜、山药等。

经济类：棉花、烟草、蓖麻、茴香、甜菜、啤酒花、首蓿、草木樨、孜然等。

林果树木类：新疆杨、银白杨、箭杆杨、大叶杨、小叶杨、柳树、槐树、洋槐树、椿树、榆树、圆冠榆、龙爪槐、柏树、白蜡树、大沙枣、小沙枣、枣树、桑树、杏树、桃树、梨树、榲桲、酸梅、石榴、李子、苹果、无花果、葡萄等。

药用植物类：桑叶、桑葚、桑皮、桑根可入药，二丑、大麻仁、大茴香、小茴香、无花果、红花、月季花、乌梅、枸杞、石榴（皮可入药）、地肤、向日葵、沙枣、苦杏仁、桃仁、核桃、蓖麻子、奥斯蔓等。

观赏类：茉莉、米兰、含笑、夜来香、一品红、扶桑、五瓣梅、倒挂金钟、夹竹桃、六月雪、黄梅、苏铁、白兰花等。落叶花木主要有月季、红玫瑰、刺玫、樱桃、石榴、紫薇、迎春、玉兰等。一至三年生草木花卉有金盏、百日草、一串红、三色堇、紫罗兰、凤仙花、紫茉莉、鸡冠花、香石竹、虞美人、金鱼花、飞燕草、矢车菊、长春花、扫帚花、牵牛花、矮牵牛、半支莲、千日红、万寿菊、蛇目菊等。多年生草花有君子兰、菊花、文竹、天门冬、吊兰、仙客来、天竺葵、四季海棠、玻璃翠、水仙、大丽花、朱顶红、臭绣球、美人蕉、芍药、马蹄莲、唐菖蒲等。仙人掌类植物有：仙人掌、三棱箭、仙人球、蟹爪兰、山影、麒麟掌、石莲花、芦荟、龙舌兰、虎尾兰、令箭、三角梅等。

5. 动物资源

库车绿洲上各种动物资源比较丰富，既有驯养的，也有野生的，各种动物既为当地的农民提供了丰富的食物来源，也对丰富当地的物种有着重要的作用。常见的有牛、羊、鸡、鸭、毛驴、兔子、麻雀、鸽子、蜜蜂、斑鸠、喜鹊等。

（1）驯养动物。畜类：黄牛、奶牛、骆驼、马、骡、驴、山羊、绵羊、兔、猫等；禽类：鸡、鸭、鹅、鸽子、雀等；虫类：蚕、蜜蜂等；鱼类：青鱼、草鱼、鲢鱼、鲤鱼、鲫鱼等。

（2）野生动物。哺乳类：野兔、野猪、野骆驼、马鹿、黄羊、青羊、狼、雪豹、金钱豹、熊、紫貂、猞猁、旱獭、刺猬、田鼠、麝鼠、松鼠、獐子、狍子、狐狸、山猫等。

飞禽类：麻雀、山雀、斑鸠、啄木鸟、苍鹰、雪鸡、呱拉鸡、野鸭、喜鹊、乌鸦、布谷鸟、燕子、百灵、天鹅、杜鹃、黄鹂、鹭鸶、云雀、野鸽、猫头鹰、黑雀等。

爬行类：蛇、蜥蜴、蚯蚓、蜈蚣、蝎子、蜘蛛等。

昆虫类：螳螂、蟑螂、蝗虫、蟋蟀、纺织娘、蝴蝶、蜻蜓、野蜂、蚜虫、瓢虫、苍蝇、蚊子、蚂蚁、虱子等。

6. 矿物资源

库车有丰富的矿产资源，在北部山区主要有铁矿、锰矿、铜矿、铜锌矿、石英砂、石膏、石灰石、黏土、盐矿、煤矿；东部和南部，既有油田，也有气田。

为了搞好资源转换战略，在库车县城及其周围分别根据不同的矿产资源开发，办起了很多大型的工矿企业，如煤矿、电厂、炼焦厂、水泥厂、化肥厂、炼油厂、运输公司等。特别是塔里木石油开发对振兴当地经济具有重大的促进作用。

7. 自然灾害

自然灾害是不以人们的意志为转移的，如洪水、冰雹、地震等。在库车一带经常发生的自然灾害主要有以下几种：

（1）洪水。夏季山区多雨，气温偏高，冰川积雪融水增加，再加上夏季的暴雨，往往汇流成洪，酿成灾害，冲垮灌渠、道路、桥梁，冲毁房屋、田园、庄稼，淹死牲畜，危及人民群众的生命财产安全。

（2）干旱。长时间不下雨，或春季河水不足，往往出现旱情，若春季低温大风，山区少雨，会加重旱情，不仅影响春播，亦会旱死冬麦或其他农作物，造成重大损失。

（3）大风。大风多出现在春季、夏季，有时8级以上大风持续二三十个小时，刮风时常出现低温、雨夹雹，给农林牧业造成严重灾害，大风刮过，又往往形成沙尘暴，浮尘遮天蔽日，危害人畜健康。

（4）冰雹。冰雹是当地局部地区的主要农业气象灾害，虽然时间短、范围小，但来势凶猛，危害严重，破坏力极大。有时冰雹大如核桃，不但会砸死庄稼，有时还会砸死人或牲畜。

（5）大雪。大雪如果是在冬季，问题倒不是很大，最严重的就是在春季下大雪，春季大雪往往会冻伤禾苗、果树，冻死幼小的牲畜、家禽，给人们造成严重的经济损失。

（6）地震。库车地处天山地震带，地震频繁，微震时有发生。据库车县志记载，1983～1987 年的 5 年间，库车县境内就发生 4.7 级以上地震达 21 次。地震大时会给人民群众造成很大的损害。库车县为了减少地震可能造成的损害，按照自治区防灾减灾的要求，从 2003 年开始采取政府补助和自筹资金相结合的方式，统一规划，统一建设，实施了抗震安居工程，现在基本上都住上了抗震安居房。

（7）沙尘暴。由于库车绿洲处在塔克拉玛干大沙漠的北部边缘，沙漠中一旦起风，就会扬起沙尘，风大时就会形成沙尘暴，遮天蔽日。现在由于人口增长，为了增加收入，开荒造田，但由于过度开荒，使每年的沙尘天气，越来越频繁。

8. 旅游资源

库车绿洲曾是古西域大国——龟兹的政治、经济、文化中心。汉唐以来的冶炼遗址、古城遗址以及古堡、烽火台、千佛洞在库车绿洲上星罗棋布，据普查，在库车发现的各种佛教石窟有 500 多个。举世闻名的克孜尔千佛洞、库木吐拉千佛洞中大量的彩绘壁画充分反映了魏晋至宋朝年间龟兹一带的文化艺术与历史。考古发现的精美佛像、金器、铜器、玉石器物、古文字文书和古钱币，均闪烁着人类文明的辉煌业绩。汉代的克孜尔尕哈烽燧是古丝绸之路北道上时代最早、保存最好的信息传送古迹。

图 1-1　库车古代丝绸之路上的重要古遗址——克孜尔尕哈烽燧

　　人文景观还有额什丁麻扎、库车大清真寺、库车王府、林基路故居、林基路纪念馆等。县歌舞团的歌舞表演和民间歌舞盛会，更是异彩纷呈。

　　就自然景观而言，塔里木河的壮美，库车河的绮丽，大龙池的深广，独库公路隧道的幽静，大峡谷的深邃，盐水沟的雅丹地貌均展示着五彩斑斓的自然景观，令人流连忘返。独特的塞外风光、民族风情、文化古迹、土特产，还有风格独特的农家乐，已使库车一带成为世界著名的旅游胜地。

三　库车县的人口状况

早在新石器时代，库车的先民就在这片美丽的绿洲上从事农业、畜牧业和手工业的生产活动。历史上战乱频繁，使库车人口发展缓慢，有时还会出现负增长。汉时龟兹国（约占今库车、沙雅、新和3县全境和拜城、轮台2县大部分地区）共有人口81317人。但经过两千多年的历史到清朝光绪三十四年（1908）时，库车县（现今库车全境及新和县境）的人口也只有74920人。民国十一年（1922）设立托克苏县佐，将库车县西乡之12庄划归其辖，但仍属库车县管辖。民国十九年（1930），托克苏县佐由库车县分出，设立托克苏县。民国三十年（1941）改托克苏县为新和县，意为新疆和平的意思。民国三十七年（1948），也就是新中国成立前夕，库车县的人口也只有151746人。

1949年10月，新疆宣布和平解放，中华人民共和国成立时，据《库车县志》记载，当年库车全县共有32824户，有人口148938人，平均每户4.54人。新中国成立后，库车县的人口状况基本上处在高出生、高增长、低死亡状态，所以人口增长一直比较快。

1953年进行第一次人口普查时，库车全县共33411户，有人口154902人，平均每户4.64人，比1949年增加5964人，年平均增长率10.01‰。

1964年进行第二次人口普查，库车全县有45065户，有人口 187242 人，平均每户 4.15 人，比 1953 年第一次人口普查增 32340 人，年均增长率为 18.98‰。但户均人口减少，说明家庭变小了。

1982 年进行第三次人口普查，全县有 66011 户，有人口 304633 人，平均每户 4.61 人，比 1964 年第二次人口普查增加了 117391 人，年均增长率为 34.83‰。

1990 年进行第四次人口普查，全县有 70026 户，有人口 339222 人，平均户均 4.84 人，比第三次人口普查增加 34589 人，年均增长率 14.19‰。

2000 年进行第五次人口普查，全县有 92071 户，有人口 388593 人，平均每户 4.22 人，比第四次人口普查增加 49371 人，年均增长率为 14.55‰。

2006 年末，库车县共有 10.35 万户，有 42.31 万人，平均每户 4.09 人，比 2000 年增加 34507 人，年均增长率为 15.45‰。其中乡村 62744 户，约占 60%，乡村人口 29.8 万，占库车县人口总数的 70.43%（表 1 - 2）。

表 1 - 2　自 1949 年以来库车县人口变化情况*

年　份	户数（户）	人口（人）	增加数	年增长率（‰）	户均人口
1949	32824	148938			4.54
1953	33411	154902	5964	10.01	4.64
1964	45065	187242	32340	18.98	4.15
1982	66011	304633	117391	34.83	4.61
1990	70026	339222	34589	14.19	4.84
2000	92071	388593	49371	14.55	4.22
2006	103504	423100	34507	15.45	4.09

*此表根据 1993 年出版的《库车县志》、2002 年出版的《新疆人口普查资料汇编》和 2007 年阿克苏地区统计局编辑出版的《阿克苏地区领导干部统计手册》汇总设计而成。

随着人民物质生活水平的提高和医疗卫生条件的改善，人口的出生率在不断提高，死亡率逐年下降，人口的增速一直比较快。1990年库车全县共有70026户，339222人，人口是1949年的2.28倍。到了2006年则增加到了103504户，423100人，比1949年增加了2.8倍。人均耕地面积由1949年的4.23亩下降到了1968年的3.86亩，1990年继续下降至2.2亩，到2006年已下降至2.12亩。

1979年国家为了控制人口的过快增长，在汉族人口中率先实行计划生育政策，就是少生少育，优生优育，提倡一对夫妇只生一个孩子。到1990年汉族人口计划生育率已达88.85%。汉族人口的出生率由1978年的16.86‰下降到了1990年的8.07‰。1985年新疆开始在少数民族中开展计划生育宣传，1989年在新疆城乡全面推行计划生育政策。1990年少数民族计划生育率已达71.44%。据《库车县志》记载，1966年是出生率最高的年份，达到了42.78‰，实行计划生育政策后，全县的人口出生率已由最高年份1966年的42.78‰下降到了1990年的21.44‰。

随着医疗条件的改善，人口死亡率已由1959年最高的26.62‰下降到了1990年的7.01‰。2005年全县共有9.84万户，41.92万人，户均4.26人；2006年全县共有10.35万户，42.31万人，户均4.09人。由此可见，计划生育政策在人口控制和改善人民群众物质生活水平方面起到了非常积极的作用。从人口分布情况看，库车镇及周围乡村较为密集，北部山区、牧区和边远农村较为稀疏。1949年全县人口密度为每平方公里9.9人。1990

年为每平方公里 22.6 人，2006 年达到了每平方公里
28.19 人，其中，城镇每平方公里 5359 人，农牧区平均
每平方公里 17 人，人口分布总态势是库车镇以南稠密，
以北稀少。

第二节 牙哈镇概况

一 概况

牙哈镇政府位于库车县城东 23 公里处，南疆铁路与
314 国道从东到西横贯而过。"牙哈"系维吾尔语，是边缘
的意思，因其地处库车县东面戈壁边缘而得名。牙哈镇的
地形分为山区和平原两部分，北部山区沟壑纵横，水草茂
密，资源丰富。主要川道可通汽车、拖拉机，为发展乡镇
企业和畜牧业提供了便利。平原地形西北高、东南低，库
车河的排洪沟——喀让古沟从西北向东南，将牙哈镇与乌
尊镇隔开。

1958 年 10 月，在人民公社化运动中，库车县组建了 23
个政社合一的农村人民公社。1959 年初将跃进公社、前进
公社、猛进公社合并为黎明公社。同年 5 月改名为兰干公
社。同年 7 月又更名为牙哈公社。1984 年，牙哈公社改名
为牙哈乡，相应的大队也改成了村委会。截至 2006 年年底，
牙哈镇下辖 24 个行政村、1 个牧场、1 个园艺场，有 120 个
村民小组，6793 户居民，总人口为 30114 人，平均每户
4.43 人。牙哈镇的总面积为 270.052 平方公里，其中耕地
7.04 万亩。牙哈镇范围内的农作物以棉花、玉米、小麦为
主；林果以杏子、石榴、葡萄、西瓜、甜瓜等为主；畜牧

业以牛、羊养殖育肥为主。牙哈镇近年来社会事业全面发展，镇区内社会生活环境优良，民风淳朴。镇区内除有镇政府及配套的"七站八所"外，还有敬老院、卫生院、学校、商店、饭馆等配套的服务体系，镇域内道路、供水、通信、广播、电视、电力、防渗渠等基础设施得到很大的改善。

2005 年牙哈乡改为牙哈镇以来，在镇党委和镇政府的领导下，坚持以强镇富民为目标，认真贯彻落实科学发展观，紧紧围绕"确保社会稳定，强化农村基层组织建设，加强党风廉政建设、积极发挥配套组织作用"的四项工作，使全镇精神文明、政治文明、物质文明工作稳步发展，为构建和谐社会提供了强有力的政治保障和组织保障。2006 年全镇农村经济总收入 1.40 亿元，其中：农业收入 9875.30 万元，种植业收入 875.2 万元，畜牧业收入 1917.5 万元，二、三产业收入 1356.1 万元，农牧民人均收入达 4649 元。农村集体经济也有了明显的增长，由于农村经济的稳步增长，农民的收入持续增加。农业基础地位进一步巩固，农业产业结构不断优化，农业综合生产能力有了进一步的提高，农业基础设施进一步改善，守努提一村村民的物质文化生活水平得到了进一步的提高。

二　牙哈镇的区划和人口状况

牙哈镇在库车县城东 23 公里处，1950 年 5 月 1 日区乡人民政权成立时，库车县共设 7 区 21 乡 155 个村，当时牙哈乡是五区，区公所驻托呼奈村。1953 年土地改革时牙哈乡改为十区。1956 年库车县设 1 镇 9 区 38 乡，将牙哈乡、

兰干乡、色根苏盖特乡、塔哈其乡、克力西乡、二八台乡
统称为九区，区政府驻地为兰干村。1958 年 10 月，在人民
公社化运动中，库车县组建了 23 个农村人民公社，1959 年
1 月按照"一大二公"的精神，又将 23 个人民公社调整为
9 个农村人民公社，在这个过程中，将跃进公社、前进公
社、猛进公社调整为黎明公社，1959 年 7 月将黎明公社更
名为牙哈公社。改革开放后，农村实行了联产承包责任制，
1984 年撤销牙哈人民公社，建立了牙哈乡人民政府。随着
经济的发展，库车县于 2001 年将全县改为 7 镇 7 乡，牙哈
乡改为牙哈镇。2006 年库车县又改成了 9 镇 6 乡，9 镇分别
是：库车镇、乌恰镇、阿拉哈格镇、齐满镇、墩阔坦镇、
牙哈镇、乌尊镇、伊西哈拉镇、雅克拉镇；6 乡分别是：玉
奇吾斯塘乡、比西巴格乡、哈尼哈塔木乡、阿克吾斯塘乡、
阿格乡、塔里木乡。

图 1 - 2　牙哈镇政府办公楼上非常醒目的
"为人民服务"五个大字

牙哈镇的人口状况，根据库车县统计局的统计资料显示，1990年牙哈乡的总人口是24367人，其中维吾尔族占99.5%；1995年牙哈乡总人口是24940人，其中维吾尔族占99.51%；2000年牙哈乡总人口是27576人，维吾尔族占99.5%；2005年牙哈镇总人口是29712人，维吾尔族占98.8%；2006年牙哈镇总人口是30361人，维吾尔族占98.8%。由此可见，牙哈镇的民族成分主要是以维吾尔族为主，平均占到98%以上，而其他民族相对而言，人口比较少，所占比例也比较小（表1-3）。

表1-3　牙哈镇1990年到2006年人口数据

单位：人

年　份	总人口	维吾尔族	汉　族	其他民族
1990	24367	24245	90	32
1995	24940	24818	96	26
2000	27576	27439	127	10
2005	29712	29352	347	13
2006	30361	29997	352	12

牙哈镇有24个村委会，118个村民小组。24个村委会分别是：喀让古一村、喀让古二村、喀让古三村、虽尔力克村、塔合马克村、阿克日科村、塔汗西一村、塔汗西二村、玉其玉吉买村、守努提一村、守努提二村、兰干一村、兰干二村、麻札巴格村、牙哈一村、牙哈二村、托克乃村、却拉瓦提村、依希塔拉村、克日西一村、克日西二村、希特莱村、阿合布亚村、博斯坦村。每个村都有3~5个村民小组（详见表1-4）。

表 1 – 4 牙哈镇 2004 年第六届村委会换届选举时各村选民人数①

单位：户，人

村　名	总户数	总人口	男	女
喀让古一村	593	2555	1408	1147
喀让古二村	285	1533	767	766
喀让古三村	176	997	487	510
虽尔力克村	125	599	354	245
塔合马克村	166	836	411	425
阿克日科村	156	980	437	543
塔汗西一村	152	768	396	372
塔汗西二村	240	1240	617	623
玉其玉吉买村	243	1288	667	621
守努提一村	211	971	539	432
守努提二村	195	1067	565	502
兰干一村	216	1064	551	513
兰干二村	136	705	380	325
麻札巴格村	134	680	335	345
牙哈一村	243	1344	680	664
牙哈二村	198	848	431	417
托克乃村	204	968	492	476
却拉瓦提村	79	479	249	230
依希塔拉村	107	473	228	245
克日西一村	286	1783	957	826
克日西二村	286	1514	813	701
希特莱村	161	653	338	315
阿合布亚村	247	1169	625	544
博斯坦村	48	205	105	100
合　计	4887	24719	12832	11887

① 此表是 2004 年年底的统计数据，因第六届村委会换届选举是 2005 年 1 月 3 ~ 5 日进行的。

第三节　守努提一村概况

一　概况

　　守努提一村属于牙哈镇下辖的一个村级基层组织。守努提一村的历史并不长，大概也就一百来年的历史，因为在《库车县志》关于光绪二十八年（1902）所列库车直隶抚民厅乡庄名称表中没有查找到有关守努提村庄的名称。况且在农村由于文盲多，村里很少留下文字性的材料。据库车县志记载，民国时期，全县文盲居多数，初中以上文化水平的极少，20世纪50年代普及小学教育，并在成人中开展了扫盲工作。但据1964年第二次人口普查看，库车全县大专文化程度的只有254人，占6岁以上人口的0.16%，而文盲、半文盲的人竟占57%以上。所以在村里很难找到有文字记载的历史材料。

　　"守努提"和"守努特"、"许努特"、"许努提"，都是维吾尔语的汉语音译，没有什么特别明确的意思。我们在调研时，发现有的地方写的是"许努提一村"，有的地方写的是"守努提一村"，还有的地方写的是"许努提村"，其实都是一样的。据说在以前，有一个人在戈壁滩上走着，戈壁滩上蒸腾的热浪使行人口渴难耐，到村口碰到一位老人，给他端了一碗牛奶，这个路过此地讨水喝的人边喝边说："舒坦"，由于方言和口音的原因，人们听转了音，于是就把这个地方叫成了"守努提"。以前人少的时候是一个村，后来随着社会的发展，人口不断增加，于是在1982年，也就是改革开放的初期，经有关部门批准，将守努提分成了守努提一村和守努提二村两个村。现在守努提一村和守努提二村加在一起约有两千多人。

守努提一村人在过去和南疆其他地方人一样，由于都比较贫穷，所以住的都比较简陋，基本上都是干打垒的土坯房子。近年来，随着南疆抗震安居工程的实施和新农村建设的开展，村里有了很大的变化，经过三年多的努力，以前的土坯房子全都扒了，现在全部盖成了砖混结构的抗震安居房。以前的大队部（也就是现在的村委会）后面都是村民的土坯房子，现在经过统一规划，让村民都把房子建在了公路的两边，原来的地方都变成了庄稼地，这样不仅节省了土地，而且增加了房子的抗震性能和舒适美观程度。

守努提一村在牙哈镇政府的南边，距牙哈镇政府约6公里，距库车县城约30公里。守努提一村共5个村民小组，在2000年有953人，到2006年增加到1304人。

表1-5　守努提一村2000年以来人口变化情况

单位：人

2000 年	2001 年	2002 年	2003 年	2004 年	2005 年	2006 年
953	975	980	1095	1232	1282	1304

守努提一村村民都是维吾尔族，共有279户人家，平均每户有5.96人，有劳动力435人，外出务工的有227人。守努提干渠由北向南从村委会门前经过，通过干渠两边的小支渠分水灌溉着守努提一村几个村民小组的农田、果园和菜地。守努提一村的总面积约为4200亩，其中耕地面积3436亩，在牙哈镇24个行政村的综合排名中排第10位。

守努提一村的经济主要是农业、畜牧业、林果业、养殖业。2006 年守努提一村人均收入 4362 元。守努提一村村里有一条南北走向的道路，北面通向兰干村，由兰干村北的丁字路口向西前行 300 米就是牙哈镇政府所在地。

守努提一村因地处库车绿洲的东部边缘地带，年降水量略少于库车平原地带的平均值，农业用水主要靠引水灌溉，而不能单靠降雨来保证农作物生长和生产生活用水，所以，节约用水是村里的人们从小就养成的一个良好习惯。我们在调研时，村里就把一些男性青壮年派到十多公里外的工地上去修引水渠了，因为山洪经常会把一些引水渠冲毁，如果不及时修好，农作物的灌溉就会受到影响，所以人们对引水渠的保护和维修非常重视，村里基本上每年都会派义务工去修渠。守努提一村周围的降水主要是以小雨为主，但每年都有一定的冰雹出现，给农作物的生长造成灾害。据气象部门的记载看，冰雹多出现在 5 ~ 7 月，冰雹小的如黄豆，大的则像核桃，它往往会打光正在生长的农作物的茎叶，致农作物和牲畜遭受严重损害。守努提一村冬天降雪一般都在阳历的 12 月初前后，下雪和下雨一样都比较少，最大雪深也不超过 15 厘米，一般最后一场雪在 4 月初结束。降水情况是山区多于平原，地势越高降水量越大。地势越低，离沙漠越近，降水量越少。守努提一村处在塔克拉玛干大沙漠边缘，受其影响，空气干燥，水气含量很少，空气的相对湿度比较低。据观测记载，12 月份为 64%，3 ~ 10 月份在 40% 以下，4 ~ 5 月份仅有 29%，但年平均蒸发量则在 2863.4 毫米，5 ~ 7 月份属高温，相对湿度很小，常出现干旱造成小麦风干减产。

守努提一村东边和南边是贫瘠的荒漠戈壁和盐碱滩，塔里木石油指挥部牙哈作业区为了减少对耕地的占用和污染，在守努提一村东面的盐碱滩上打出了高产的天然气井，并且还在距守努提一村东约 5 公里处的戈壁滩上专门建了一个很大的集气站，通过集气站将分散在周围的天然气井中生产的天然气集中到一起，然后再经过加压，通过输气管道将天然气输送到全国各地。2005 年，塔里木石油指挥部牙哈作业区把从牙哈镇到牙哈作业区的道路全部铺上了沥青路面。这样守努提一村也就有了柏油路。以前，从村里去镇上、去县里主要是以毛驴车或自行车为主，现在基本上都是骑摩托车或搭出租车。一般情况下要去县城时打电话约上 4 个人，每人 5 块钱，4 个人就可以一起搭出租车到县城去了。2007 年，我们在村上调查访谈时，村民反映说，现在村上 60% 以上的人家都有摩托车，村里有出租车 2 辆、大车 4 辆、推土机 8 辆、拖拉机 150 辆（主要是小四轮拖拉机）。

2007 年 9 月，我们课题组一行 7 人在村上调查时，村委会正在进行重新修建，村委会的房子已经盖好，里面正在粉刷，但院子还没有平整好，院子的水泥路面还没有打出来。村委会院子占地 10 亩，新盖了 10 多间办公室，还盖了一个大会议室，门口有一个传达室。对村委会的建设是加强村级基层组织和阵地建设的一个重要组成部分。村委会旁边就是守努提一村小学，我们的访谈主要是在学校的院子里和教室里进行的。学校有一至六年级的小学生 120 名。学校的操场上有一付篮球架，课间休息时，男同学主要是打篮球，女同学主要是玩跳绳、扔沙包。从学校门口到教室有一段 20 米长的葡萄走廊，上面结了很多葡萄。7

月份我们调研的时候葡萄已经熟了,很甜很美。学校前面有一个小商店,也有一个小饭馆。

守努提一村村委会目前由7个人组成,具体见表1-6。

表1-6 守努提一村村委会组成人员

姓 名	职 务	年龄	学历	主 管
许克尔·肉孜	村 长	31	初中	农业、财务
伊不拉音木·司马义	副村长	37	小学	水电、林业
艾合买提·吾甫尔	委 员	33	小学	一组组长
艾沙·阿不都热依木	委 员	40	小学	二组组长
阿吾东·吐尔地	委 员	43	小学	三组组长
艾海提·依不拉音木	委 员	36	小学	四组组长
库尔班·买买提	委 员	38	小学	五组组长
马丽亚姆·居马	妇女主任	27	高中	计生、户口
木沙·买买提	治保主任	32	小学	值班巡逻
吐尼亚孜·米吉提	出 纳	33	初中	

守努提一村5个村民小组的小组长分别是由5个村民小组的村民举手通过的。村长、副村长是由全体村民选举产生的。村民小组的小组长一般每年发1700~2000元补助,主要是由村里发,村里对他们每个季度都要进行考核。村里没有企业类经济实体。村里有调解委员会,调解委员会主任由治保主任担任。妇女主任主要负责辖区内的计划生育工作和环境卫生工作。村党支部主要管政治方面、宗教方面、稳定方面的工作,村委会主要抓农业生产。若有矛盾要及时向上级汇报,由上级帮助解决。村里民风淳朴,团结较好,村民之间基本上没有什么大的矛盾。

村委会成员都是选举产生的。村党支部书记、副书记是由村党支部选举并由上级任命的。村委会成员的选举都是采取差额选举制度选举，但小组长和出纳除外，即每个位置要有3个候选人（主要是指村长、副村长、治保主任、妇女主任），村民对选举非常热情。一般都是选那些有能力、愿意帮助村民的人。村党支部书记的当选是有条件的：一方面要富裕、有能耐、能带领大家致富，一方面要有能力、愿意帮助别人。这样的人一般容易被选上。

图1-3 村民在会议室举行人大代表换届选举动员大会

我们在调研时正好赶上推选人大代表。其过程大致是：先开动员大会进行广泛而深入的宣传，每10个人中选出1个候选人代表，第一次选出40~50个人，公告10天后，按投票多少每次减掉5~10个人，共3~4次，最后筛选出4~5个人，再张榜公告10天，最后再投票决定。选举过程中没出现过问题。

村里的民兵组织有5个基干民兵。村里免其义务工，由村治保主任负责带领轮流在村委会值班，晚上在村里巡逻。每村还给配备了一辆摩托车，是上级综治办给配的。村妇委会只有妇女主任一人，没有其他成员，经常是村长召集妇女开会，基本上是一个季度开一次会，主要是负责计划生育宣传和抓计划生育的落实工作。

表1－7　守努提一村土地变化情况
单位：元，亩

年份	人均收入	土地	耕地	林地	棉花	小麦	玉米	瓜	果树
2001	1848	2850	2708	25	1650	1180	1000	300	550
2005	4085	3436	3300	30	1850	1500	1250	350	74
2006	4362	4436	3436	30	2085	1400	1300	50	1250

1978年，中共中央十一届三中全会以后，新疆同全国一样，改革率先从农村突破，带动了全面的改革发展，促进了国民经济持续发展和社会全面进步。守努提一村和全国一样。随着改革开放的不断深入，农民从联产承包责任制到自己投入开荒造田，增加收入，使农民对土地的感情日益深厚，但由于人口的不断增长，土地的产出仍然不能满足人口增长的需求，人们的生活水平还有待进一步的改善和提高。近年来，随着科技的发展和机械化程度的不断提高，人们对土地的投入有了明显的增加，土地的产出也在不断增加。当地政府为了增加农民收入，鼓励农民开荒种田。近几年，人们开垦了许多过去无人耕种的荒滩草地，通过表1－7就可以看出守努提一村的耕地面积，比以前有了大幅度的增加，当然经济收入也比以前有了很大的提高。如守努提一村在2001年时只有土地2850亩，而2005年是3436亩，2006年就达到了4436亩，一年开荒就达1000亩

（详见表 1 – 7）。地开出来了，农民收入增加了，但从另一个方面看，过度开荒，也相应地破坏了当地比较脆弱的生态环境，减少了植被的覆盖，大风刮过，尘土飞扬，因而，每年春季的沙尘暴比较严重。

二 守努提一村的人口状况

守努提一村共有 5 个村民小组，在 2000 年有 953 人，2001 年有 975 人，2002 年有 980 人，2003 年有 1095 人，2004 年有 1232 人，2005 年有 1282 人，2006 年有 1304 人。守努提一村 5 个村民小组在 2006 年有 279 户人家，全村都是维吾尔族，平均每户有 4.67 人，全村有劳动力 435 人，外出务工的有 227 人。

三 调查问卷情况分析

2007 年 7 月，我们按照课题设计到库车县牙哈镇守努提一村进行了座谈访问，同时还对 52 位村民进行了问卷调查。现将 52 份问卷所反映的有关信息分析如下，从中可以看出守努提一村人的一些基本情况。

（1）守努提一村填写的问卷共有 52 份，其中男性村民 46 人，占 88.5%；女性村民 6 人，占 11.5%。这些村民都是村干部从村中随意叫来的，并且是每户来一人。从填写问卷的民族成分看，守努提一村的民族成分全部都是维吾尔族。根据问卷统计显示的人口数为 248 人，平均每户为 4.76 人。与前面统计数据 4.67 人相差不大。

（2）从填写问卷村民的年龄结构上看，各个年龄段的村民都有，但主要是中年人，因为他们也是对家庭情况比较熟悉了解的人（表 1 – 8）。

表1-8　填写问卷的村民年龄结构调查表

年龄（岁）	人数（人）	占比（%）
10 ~ 19	3	5.8
20 ~ 29	9	17.3
30 ~ 39	17	32.7
40 ~ 49	8	15.4
50 ~ 59	9	17.3
60 ~ 69	6	11.5

（3）从文化程度上看，村民中小学和初中文化程度的人最多，达46人，占全部的88%以上，已经基本达到了扫除文盲的程度，而新中国成立初期库车县的人口96%是文盲，这不能不说是一个巨大的变化（表1-9）。

表1-9　村民受教育情况调查表

单位：人,%

文化程度	人　　数	占　　比
高中、技校、职高	3	5.8
初中	21	40.4
小学	25	48.1
文盲及半文盲	1	1.9
中专	1	1.9
大专	1	1.9

（4）从身份情况上看，52份问卷中有共产党员6名、共青团员2名、村干部2名、"三老"人员2名、宗教人士1名，其余全部为普通群众，这基本涵盖了农村人员的方方面面。

（5）从问卷中所填写的收入情况上看，52份问卷所填写的2006年的总收入为959540元，平均每户18452.69元，且主要是靠种植粮食和棉花而取得。首先是种植业收入632190元，占到总收入的65.88%；其次是养殖业收入118280元，占总收入的12.33%；再次是工商业经营收入104670元，占总收入的10.91%（表1－10）。

表1－10　2006年村民家庭收入情况问卷调查统计表

收入分类	总收入（元）	占总收入比例（%）	人数（人）	平均（元）
家庭总收入	959540		52	18452.69
种植业收入	632190	65.88	46	13743.26
养殖业收入	118280	12.33	24	4928.33
工商业经营收入	104670	10.91	12	8722.50
外出打工收入	46400	4.84	13	3569.23
工资性收入	19500	2.03	3	6500.00
奖金补贴收入	9500	0.99	4	2375.00
其他收入	29000	3.02	8	3625.00

（6）从问卷所填写的支出情况分析上看，52份问卷所填写的总支出为805010元，户均支出15480.96元，主要是生产性支出，其他支出主要是指穿衣、用电、烧煤、交通、通信等。生产性支出最大，占47.19%。因为现在都实行科学种田，每年都要购买化肥、农药、种子、机械等农资产品，其目的一是为了增产增收，二是为了减轻劳动强度（表1－11）。

表1－11　2006年村民家庭支出情况问卷调查统计表

支　出	总支出（元）	占总支出比例（%）	人数（人）	平均（元）
家庭总支出	805010		52	15480.96
生产支出	379846	47.19	50	7596.92
饮食支出	146574	18.21	51	2874.00
教育支出	29870	3.71	17	1757.06
医疗支出	104200	12.94	40	2605.00
其他支出	144520	17.95	43	3360.93

（7）从52份问卷中关于种地情况的调查上看，2006年共有耕地总亩数为1027亩，平均每户种地19.75亩，按被调查家庭人口248人计算，平均每人4.14亩。从种植作物种类看，种植棉花684亩，占66.6%；种植小麦291亩，占28.33%；种植玉米162亩，占15.77%。

（8）参加问卷调查的52户村民家庭中，共有彩色电视机31台、黑白电视机19台，几乎每家都有电视机。有小四轮拖拉机26台、大拖拉机5台、摩托车35台、电冰箱13台、洗衣机26台。由此可见，人们的物质文化生活水平均有了很大的提高。

（9）52户中有12户人家分别花费3万~5万元翻建或新建了房子，有1户人家花费7万元建了新房，其余人家也都不同程度地投入资金建设了自己的住房。其中63%的房子都是抗震安居房。在建设抗震安居房的过程中，也都不同程度地获得了政府的资助和补助。有42户人家的住房是砖木结构，占80.8%；有10户人家的住房是砖混结构，占19.2%。另有13户人家对自己的房屋进行了装饰和装修。有10户人家是瓷砖地面、石膏吊顶，11户人家是木雕装饰，46户人家安装了自来水，15户人家有室内卫生间，6户人家用上了沼气，这使人们的居住条件大为改善。

（10）被调查的52户村民在回答个人"对目前生活状况是否满意"的问题时，回答满意的有45人，占86.5%；回答一般的有5人，占9.6%；回答不满意的有1人，占1.9%；回答说不清的有1人，占1.9%。在回答"与其他村的村民相比"时，认为生活水平很好的有5人，占9.6%；回答较好的有16人，占30.8%；回答和大家差不多的有28人，占53.8%；回答较差的有4人，占7.7%。

在回答"现在与过去五年相比"时，认为目前生活状况变好了的有46人，占88.5%；回答没有变化的有3人，占5.8%；回答变差了的有3人，占5.8%。在回答"你认为你的生活状况以后能否会变好"时，认为将来会更好的有44人，占84.6%；"回答和现在差不多的"有3人，占5.8%；"回答越来越差的"有3人，占5.8%；"回答说不清的"有2人，占3.8%。由此可见，人们对生活的幸福感越来越好。

表1-12　守努提一村村民对生活的感受调查表

对目前生活状况是否满意？	回答满意的有45人	回答一般的有5人	回答不满意的1人	回答说不清的1人
与其他村的村民相比	回答水平很好的5人	回答较好的有16人	回答差不多的有28人	回答较差的有4人
现在与过去五年相比	回答变好了的有46人	回答没变化的有3人	回答变差了的有3人	回答说不清的没有
以后生活状况能否会变好	回答将来会更好的有44人	回答和现在差不多的有3人	回答越来越差的有3人	回答说不清的有2人

（11）守努提一村村民在回答"你家是否享受过政府社会保障方面的政策"问题时，有30人回答享受过政府的社会保障方面的政策，占57.7%；有98.1%的人参加了农村合作医疗。在回答"对新型农村合作医疗制度的态度"时，回答很好、很欢迎的有49人，占94.2%。由此可见，农民对现行的新型农村合作医疗制度是非常欢迎的。这大大地解决了农村农民的"看病难"和"看不起

病"的问题。

（12）被访问的村民有 66.8% 的人参加过农村技术培训，其中参加农业技术培训的有 33 人，占 63.5%。在回答"这些培训对你是否有帮助"这个问题时，有 73.7% 的人回答帮助很大，有 18.4% 的人回答有些帮助。

（13）守努提一村的人外出打工的比较少。在回答"你是否出去打过工"这个问题时，有 74.5% 的人回答"没有"，只有 26.9% 的人回答外出打过工。他们外出打工的地方首选是县城，其次是乌鲁木齐市，只有 5 人回答愿意到北京、上海等内地大城市。

（14）在回答"你是否会其他民族语言"时，有 47 人回答不会，占 90.4%；有 5 人回答会一些，只占 9.6%；有 43 人表示愿意让自己的孩子学习其他民族语言，占 82.7%；只有 9 人回答不愿意，占 17.3%。所选其他民族语言多为汉语，其次是英语。在回答"是否愿意学习其他民族语言"时，有 51 人回答愿意学习，占 98.1%；只有 1 人回答说不清楚。有 98% 的人支持"少数民族应学习汉语，汉族也应学习少数民族语言"这一提问。由此可见，人们对双语学习的愿望是很强烈的，因此，双语教学还应进一步加强，特别是在农村更要加强。

（15）在孩子的学习上，有 98% 的人希望自己的孩子能进民汉合校的学校学习，有 98% 的人希望自己的孩子能考上内地高中班学习。有 90% 的人希望自己的孩子能到内地工作。在对待婚姻问题上，有 96.2% 的人同意年轻人应该和同民族的人结婚。

（16）在回答"应该早些给孩子传授本民族的宗教知识"这个问题时，回答同意的有 25 人，占 48.1%；回答不同意的有 19 人,占 36.5%;回答说不清的有 8 人,占 15.4%。在回答"有条件的穆斯林都应完成朝觐"这个问题时,有 45 人回答同意,占 86.5%;回答不同意的 3 人,只占 5.8%;回答说不清的 4 人,占 7.7%。由此可见,人们的宗教感情是非常浓厚的。

(17) 所有接受问卷调查的人都同意"少生孩子,家庭才能致富"这一观点,这说明计划生育政策的宣传是深入人心的,并且也是人们亲身感受到的。在"是否喜欢看电视"问题上,在 52 份问卷中有 37 人回答喜欢看电视,占 71.2%;有 14 人回答喜欢,但不经常看,占 26.9%;只有 1 人回答不喜欢看电视。村民主要看的节目是新闻和农村科普知识。

(18) 在回答"信仰哪一个宗教"的问题时,有 50 人回答信仰伊斯兰教,占 96.2%;回答信仰基督教的 1 人;什么也不信的 1 人。有 90% 的人表示信教是自由的;在回答"你如果没有朝觐过,是否希望去"的问题时,有 32 人回答很希望能去,占 61.5%;有 14 人回答希望去,占 26.9%;只有 6 人回答没有考虑过。没有人回答不想去。

(19) 在回答"有关生产上遇到困难、家中急需用钱、与村民发生纠纷、家庭产生矛盾时先找谁反映和解决"时,有 70% 以上的人都是先找村干部反映和解决,然后才是找亲戚、邻居或朋友。看来村干部在群众中的威信还是比较高的。

(20) 在回答"目前村里的生产发展如何"这个问题时,有 25 人回答很好,占 48%;有 26 人回答较好,占 50%;有 1 人回答一般,占 1.9%。在回答"目前村里的群众生活怎样"这个问题时，回答很好的有 25 人，占 48.1%；有 26 人回答较好，占 50%；有 1 人回答一般，占 1.9%。在回答"目前村里的治安状况如何"时，回答很好的 25 人，回答较好的 26 人，回答一般的 1 人，没有人回答不好、很不好、说不清。由此可见，生产发展是好的，群众对生活是比较满意的，大家对社会治安状况也是比较满意的。

（21）在回答"干群关系如何"这个问题时，有 25 人回答很好，26 人回答较好。由此可见，村里的干群关系也是比较好的。最近几年来，政府非常注意改善农村基层组织的干群关系，所以村里的干群关系得到了很大的改善。

（22）在回答"你认为能够担任村干部最重要的原因是什么"这个问题时，有 44 人回答要有较强的组织领导能力，占 84.6%；只有 4 人回答上面有关系，占 7.7%；另有 4 人回答家里较富裕。另外，大家对参加村委会选举也非常积极，有 88% 的人表示如果今年村委会选举，他会积极参加，看来大家对村里的未来发展和大小事情都比较关心。

（23）在问卷的最后，是一道多选题，共有 6 个选项，要求填写问卷的人以画钩的方式回答有关的建议时，大多数人回答：首先是应提高城乡居民的经济收入，看来大家都想进一步提高经济能力，其次是进一步改善农村的办学条件和医疗卫生条件，再次是搞好社会治安，提高人们的物质文化生活水平。

四 民族及语言文字

守努提一村村民全部都是维吾尔族。目前全村人口有一千多人。维吾尔一词含有"团结"、"联合"的意思，汉文史籍中自北魏时期至明代以来，先后有"袁纥"、"韦纥"、"回纥"、"回鹘"、"畏兀儿"、"畏吾尔"等音译。1935 年正式确译为维吾尔。[①] 民国二十三年（1934）年底，新疆省政府发布《令改缠回名称为维吾尔布告》，其内容为："查汉（公历前 206 至后 219）、唐（618～905）居住天山南路的人民给以种种名称。清朝（1644～1911）都把他们叫做缠回。新疆威武尔教育促进会呈请本省府正式把缠回改用具有雄武意义的威武尔一名称。本省府查关于新疆种种书籍，都用畏兀儿一词。此名称含有畏惧之意，或原名系其种族一部分之称，有以偏概全之嫌。一个民族改变名称这样的大事，不便随便沿用，兹经本府第三十次会议，通过用维吾尔三字。此名称狭义言之，为保护自己民族之意，广义言之，为保护国家之意，与威武尔一称亦无冲突处，顾名思义，当生爱国家爱民族之观念，且用此三字译维吾尔之音，亦较其他字为妥。故以后改缠回为维吾尔，禁用畏兀尔、威武尔等名称。特此布告。"[②]

维吾尔族的族源可上溯到公元前 3 世纪游牧于贝加尔湖一带的丁零。5 世纪后称铁勒。唐初称"回纥"，贞元四年（788）改称"回鹘"。公元 840 年（唐开成五年），黠戛斯出兵攻灭回鹘汗国，大部分回鹘人西迁至西域，逐步由游牧过渡到定居农业。同时融合了居住在塔里木盆地周围的于阗、疏勒、龟兹等古国的土著居民和两汉以来移居西域的汉族，还有以后陆续迁来的吐蕃人、契丹人、蒙古人等，至 13 世纪初，汉文史籍中已开始称之为"畏兀儿"，近代

---

① 《新疆百科全书》，中国大百科全书出版社，2002，第 235 页。
② 田卫疆：《民国时期新疆省政府确定维吾尔汉译名称的来龙去脉》，载《新疆历史与文化》，新疆人民出版社，2008，第 217 页。

意义上的维吾尔族初步形成。维吾尔族古代信仰过萨满教、摩尼教、景教、袄教（拜火教）和佛教，13世纪以后改信伊斯兰教。

维吾尔族主要从事农业，部分从事商业、畜牧业和手工业。中华人民共和国成立后，从业结构发生很大变化，从事现代工业及其他行业的人数不断增加。维吾尔族从11世纪以来流传至今的著作主要有《突厥语词典》、《福乐智慧》等，还有大量的古代文献，丰富了中华民族的文化宝库。维吾尔族能歌善舞，代代相传的大型套曲《十二木卡姆》是闻名中外的音乐遗产，赛乃姆为最普遍的民间舞蹈形式。民族乐器品种多样，都塔尔和热瓦甫是最常用的乐器。维吾尔族的传统手工业具有悠久的历史，地毯和丝绸极富艺术特色。传统服饰以用黑白两色或彩色丝线绣出民族风格图案的四楞小花帽最具有代表性。男子穿右衽斜领的长袍，用长方丝巾或布巾束腰；妇女多在宽袖连衣裙外套一件对襟背心，下着长裤。现在城市居住的维吾尔族一般穿时装，女子穿连衣裙和西式短上装。维吾尔族的饮食结构以面食为主，肉类、乳类、馕、抓饭和瓜果为喜爱的日常食品。传统房屋一般为土木结构的平顶方形平房。丧葬遵从伊斯兰教实行土葬。传统节日主要有肉孜节、古尔邦节，这些节日大多来源于伊斯兰教。传统体育活动有达瓦孜、摔跤、叼羊等，集歌舞、游戏为一体的麦西来甫是最受欢迎的一种民间娱乐活动。

维吾尔语属阿尔泰语系突厥语族，在形态结构上属黏着语类型。维吾尔语有8个元音和24个辅音。现代维吾尔语是维吾尔族群众的主要交流、交际工具，也是新疆许多兄弟民族通用的民族语言之一。在长期的历史发展过程中，逐步形成了维吾尔语词汇的多源性。词汇中除了本民族固有或突厥语同源词之外，还有相当数量的汉语、阿拉伯语、波斯语、俄罗斯语和蒙古语以及国际通用术语借词。各种语言的借词，在不同的历史时期不断充实和丰富了维吾尔语的词汇。现代维吾尔语分为中心区方言、和田方言、罗布方言3种。维吾尔语的方言中，罗布方言的特征较为突出，即元音和谐音比较严整，辅音同化现象较多，语法附加成分有比较多的变体。

维吾尔族在历史上使用过粟特文、突厥文、回鹘文、察合台文等多种文字。现代维吾尔族人使用的维吾尔文是以阿拉伯字母为基础的拼音文字。维吾尔文经历了几次改进，最近的一次是在1983年。现行的维吾尔文有32个字母，从右到左书写。每个字母按出现的位置而有单独、前、中、后等几种不同的形式。因此，同一个词根往往有不同的书写形式，同一个附加成分往往有几种不同的变体。

五　民族团结促和谐，共创文明树新风

守努提一村虽然都是单一的维吾尔族，但民族团结教育活动始终没有放松过。因为在新疆这个多民族多宗教的地区，民族团结非常重要，这都是和新疆的整个情况紧密联系在一起的。新疆的"三股势力"总是想方设法要破坏新疆的民族团结，破坏新疆的社会稳定。所以，1982年11月，新疆在全国率先召开了第一次自治区民族团结表彰大会，对183个民族团结模范集体和322个模范个人进行了表彰和奖励。乔石同志代表党中央、国务院在大会上讲话。他指出：这是推进民族团结进步事业不断向前发展的"一个很好的创举"。从此，不仅在新疆各民族中

普遍开展了创建民族团结进步模范单位、争当民族团结进步模范个人的活动，而且经国务院倡导在全国进行了推广。

从 1983 年开始，自治区把每年的 5 月定为"民族团结教育月"。在每年的民族团结教育月活动中，各级党委、政府都要向广大的基层干部群众宣传党的民族宗教政策，宣传马列主义毛泽东思想；大力弘扬民族团结进步先进典型，以推动各族人民共同团结奋斗，共同繁荣发展。在 2007 年第 25 个"民族团结教育月"活动中，守努提一村党支部一班人，根据自治区党委、政府的总体安排和部署开展了以下活动：一是在群众中广泛开展了"爱党、爱国、爱社会主义"的"三爱"教育活动；二是在党员干部和青年入党积极分子中开展了宣传中国共产党领导各族人民在社会主义革命和建设中建立的丰功伟绩方面的学习，增强了党员干部的党性修养，提高了党组织的凝聚力和向心力；三是在全村开展了向全国"双拥"模范——库车县兰干村村民卡德尔·巴克尔学习活动；四是通过图片展览，大力开展爱国主义和民族团结教育，大力宣传社会主义的优越性，大力宣传新疆解放以来特别是改革开放以来所取得的辉煌成就，以凝聚各族人民群众的力量，同心同德、团结奋斗、促进和谐、共同进步、树立新风、共创文明。

第二章 基层组织

　　农业丰则基础强，农民富则国家安，农村稳则社会安。农村基层组织建设是关系农村经济社会稳定和建设发展的关键。实现农村经济社会稳定和发展事关整个国家的稳定和发展大局。所以，党中央非常重视农村基层组织建设问题。2006 年 2 月 14 日，胡锦涛同志在中央党校省部级主要领导干部建设社会主义新农村专题研讨班上强调："发展农业和农村经济，一靠政策、二靠科技、三靠投入。而所有这一切，归根结底，要靠以党组织为核心的农村基层组织团结和带领广大农民群众去落实，都离不开基层组织的有效工作。多年的实践证明，农村工作千头万绪，抓好农村基层组织建设是根本，是关键，是必须做好的基础工作。"

第一节 基层组织机构

　　村是农村的基层组织，一般情况下每个村还下辖几个村民小组。现在的村相当于改革开放以前的生产大队，村民小组相当于生产队。村实行村民自治原则，村级组织机构一般是指村党支部、村委会、村团支部、村妇联、民兵小分队。

一 村党支部

党在农村的基层组织是村党支部,农村基层党组织是农村经济社会发展的领导核心。其职责和任务就是把全村各种组织和各项工作统一领导起来,协调好各方面的利益关系,处理好各种复杂的矛盾,推动该村经济建设和各项社会事业不断向前发展,努力提高村民的物质文化生活水平。我们经常讲:"上面千条线,下面一个针。"农村工作千头万绪,但要把它落到实处,归根结底,还必须要落实到村,落实到人,而这些都必须要靠我们各村的党支部和村干部去落实,去完成。所以说村党支部一班人就是抓好农村各项工作的带头人,就是火车头。

守努提一村党支部是中国共产党在农村的基层组织。守努提一村共有 29 名共产党员,其中年龄最大的 85 岁,年龄最小的 24 岁,平均年龄是 50.62 岁,党龄最长的 45 年,最短的是 2 年,平均党龄在 20.1 年。我们在调研时,还有4 名要求入党的积极分子,并且都是年轻人,村党支部正在对他们进行重点培养。从党员名单中可以看出,妇女党员比较少,并且年龄都比较大。这对农村妇女工作的开展是不利的。

表 2-1 守努提一村党员名单

姓 名	性别	出生日期	入党时间	文化程度	工作岗位
阿布拉·艾麦尔	男	1959.07.12	1998.07.01	小 学	农业生产
艾比布拉·买买提	男	1976.09.10	1999.07.01	小 学	农业生产
艾海提·尕依	男	1963.02.09	1996.07.01	小 学	农业生产
艾合买提·铁木尔	男	1972.05.03	1998.07.01	小 学	农业生产

姓　　名	性别	出生日期	入党时间	文化程度	工作岗位
艾里木·阿布杜热依木	男	1934.11.15	1971.07.01	初　中	农业生产
艾米都拉·拜图拉	男	1940.05.03	1991.07.01	初　中	退　休
海尼沙汗·买合木提	女	1959.11.04	1986.07.01	小　学	农业生产
居马·巴拉提	男	1971.01.01	1999.07.01	初　中	农业生产
居买·色衣提	男	1934.02.03	1976.07.01	小　学	农业生产
卡迪尔·艾米都拉	男	1983.07.05	2005.07.01	初　中	农业生产
卡斯木·尼亚孜	男	1948.10.12	1976.07.01	初　中	农业生产
库尔班·克里木	男	1973.02.18	2000.07.01	中等专科	农业生产
库尔班·尼亚孜	男	1962.04.14	2003.07.01	小　学	农业生产
买买提·热西提	男	1938.05.18	1962.07.01	小　学	退　休
买买提·依达依	男	1928.06.17	1966.07.01	小　学	退　休
米吉提·图尔地	男	1954.04.14	1975.07.01	小　学	农业生产
热合曼·买买提	男	1980.04.24	2005.07.01	初　中	农业生产
肉孜·卡日	男	1945.10.04	1977.07.01	小　学	退　休
许克尔·肉孜	男	1976.04.15	1998.07.01	初　中	农业生产
斯迪克·阿比提	男	1924.07.01	1965.07.01	小　学	退　休
苏里坦·艾米都拉	男	1971.04.15	1997.07.01	小　学	农业生产
塔吉热木·托乎提	女	1937.06.21	1960.07.01	初　中	农业生产
图尼亚孜·吐木尔	男	1964.07.28	1998.07.01	初　中	农业生产
吐尼亚孜·米吉提	男	1973.07.01	2002.07.01	初　中	农业生产
吐尔逊古力·图西木	男	1962.12.26	1998.07.01	初　中	农业生产
吾甫尔·卡斯木	男	1976.07.15	2002.07.01	中等专科	农业生产
吾甫尔·米吉提	男	1958.09.10	1985.07.01	初　中	农业生产
吾甫尔·那买提	男	1922.07.12	1966.07.01	小　学	农业生产
扎依·艾拉	男	1935.05.23	1967.07.01	小　学	退　休

守努提一村党支部原有 5 人，有 2 人退休，但还没有来得及增补，故现在只有 3 人。现有 3 人，都是 30 多岁，年富力强。村党支部每半个月举行一次支部活动，开党支部会议，主要是学习党的路线、方针、政策，过组织生活，发展新党员，培养入党积极分子，看电教片，学习党章和党的历史知识等，以保持共产党员的先进性，并教育党员要在建设社会主义新农村方面充分发挥模范带头作用。村党支部要求每个党员干部要提高政治觉悟，要当带头致富的能手，要给村民进行技术培训，要求一个党员带 2 个团员走共同致富的道路。村党支部书记、副书记都是由村党支部全体党员推举并由乡镇党委任命的。村党支部的职责主要是领导和协调处理有关农村思想政治工作，抓好农村的经济发展与社会稳定工作。

表 2 – 2　村党支部组织人员基本情况

单位：元

姓　　名	职　　务	出生年月	学历	津贴	主　管
居马·巴拉提	书　记	1971.1	初中	4500	生产、计生、稳定
库尔班·克里木	副书记	1973.2	高中	4000	安居与文明
许克尔·肉孜	副书记兼村主任	1976.4	初中	4400	农业、计生、财务

村党支部为了充分发挥共产党员的带头模范作用，一是要求党员干部通过学习掌握并运用科学技术；二是通过党员向农户传授科学技术知识；三是给村里的无职党员设定了一定的岗位，如计划生育宣传员、科技致富宣传员、综合治理监督员、"两委"工作监督员、文明新风监督员等，并且在村里还设置了农村家庭电教播放点，通过电教片向农民传播科学种田、科学养殖等科技知识，大大地提

高了农民的学科学、用科学的积极性。为了保证电教工作的正常开展，村党支部根据库车县和牙哈镇的相关要求，还制定了专门的《家庭电教播放点工作制度》和《家庭电教播放点选拔标准》。

图2-1　村里的党员电教家庭播放点和科技示范户

《家庭电教播放点工作制度》的内容是：（1）家庭电教播放点在乡镇党委、村党支部的领导下开展播放收看工作。（2）家庭电教播放点召集组织人员收看时，只能播放在村党支部、乡镇党委电教站领取和下发的电教片，不得播放其他的音像内容，否则将追究相关责任人的责任。（3）家庭电教播放点根据农村工作实际组织村民播放收看，每周播放收看电教片不少于一次，播放收看内容以科教片和农村电教片为主，播放收看后及时做好记录。（4）家庭电教播放点的片源由各乡镇电教站、村党支部提供，播放点负责人每月要及时到村党支部领取电教片。（5）家庭播放点要做好向村党支部、乡镇党委电教站的信息反馈工作（包括收看的时间、片名、人数、效果及存在的问题和建议）。（6）乡镇党委、村党支部要及时检查、指导各家庭播放点的工作，发现问题及时解决。

《家庭电教播放点选拔标准》的内容是：（1）选拔的家庭电教播放点必须是党员、电教科技示范户、入党积极分子、后备干部或致富大户家庭。（2）家庭电教播放点成员必须立场坚定，拥护党的路线、方针、政策，思想解放，群众基础好，有一定的组织协调能力。（3）必须具备播放收看电教片的场地和设备。（4）家庭住址基本处于本村、组的中心位置，便于召集村民收看。（5）家庭电教播放点必须在乡镇党委、村党支部的领导下开展播放收看工作，乡镇党委、村党支部要及时检查、指导各家庭电教播放点的工作，发现问题及时解决。（6）各乡镇党委要在家庭电教播放点之间认真开展"比、赶、帮、超"等活动，并建立激励机制，对开展播放收看工作好的家庭电教播放点及时给予表彰奖励。

二 村民委员会

村民委员会简称村委会，村委会是农村基层群众自治组织。我国《宪法》第111条规定："村民委员会是基层群众自治性组织。"根据《村民委员会组织法》，村民委员会是村民自我管理、自我教育、自我服务的基层群众性自治组织。村民自治，就是广大农民群众可以直接行使民主权利，依法办理自己的事情，创造自己的幸福生活，实行自我管理、自我教育、自我服务的一项基本社会政治制度。

村民自治的核心内容是"四个民主",即:民主选举、民主决策、民主管理、民主监督。因此,全面推进村民自治也就是全面推进村级民主选举、村级民主决策、村级民主管理和村级民主监督。农村从最初的村民自治到"四个民主",标志着我国农村的基层民主意识得到了不断地完善和提高。

守努提一村的村民委员会主要由7人组成。村长、副村长是由全体村民选举产生的,村委会委员分别是5个村民小组长的组长。村民小组长是由其所在自然村的村民举手选出来的。村委会主要是处理村里的一些日常事务和组织村民搞好农业生产,以增加村民收入,提高村民的文化生活水平。

表 2-3　村委会成员和村干部名单

姓　名	职　务	年龄	学历	津贴(元)	主管工作
许克尔·肉孜	村　长	31	初中	4400	农业、计生、财务
伊不拉音木·司马义	副村长	37	小学	3900	水电、林业
艾合买提·吾甫尔	委　员	33	小学	1700 或 2000 依工作定	一组组长
艾沙·阿不都热依木	委　员	40	小学		二组组长
阿吾东·吐尔地	委　员	43	小学		三组组长
艾海提·依不拉音木	委　员	36	小学		四组组长
库尔班·买买提	委　员	38	小学		五组组长
马丽亚姆·居马	妇女主任	27	高中	3900	计生、户口
木沙·买买提	治保主任	32	小学	3900	稳定值班巡逻
吐尼亚孜·米吉提	出　纳	33	初中	3000	

村民委员会是村民自我管理、自我教育、自我服务的基层群众自治性组织,实行民主选举、民主决策、民主管理、民主监督。村委会的主要职责是:(1)宣传贯彻宪法、法律、法规和国家的政策,维护村民合法权益,教育和推

动村民履行法律、法规规定的义务，发展文化教育，普及科技知识，促进村与村之间的团结、互助，开展多种形式的社会主义精神文明建设活动。（2）依照法律规定，管理本村属于村农民集体所有的土地和其他财产，教育村民合理利用自然资源，保护和改善生态环境。（3）支持和组织村民依法发展各种形式的合作经济和其他经济，承担本村生产的服务和协调工作，促进农村生产和社会主义市场经济的发展。（4）尊重村集体经济组织依法独立进行经济活动的自主权，维护以家庭承包经营为基础，统分结合的双层经营体制，保障集体经济组织和村民、承包经营户、联户或者合伙的合法的财产权和其他合法的权利和利益。（5）举办和管理本村的公共事务和公益事业。（6）组织实施本村的建设规划，兴修水利、道路等基础设施，指导村民建设住宅。（7）依法调解民间纠纷，协助维护本村的社会治安，向人民政府反映村民的意见要求和提出的建议。（8）向村民会议或者村民代表会议报告工作并接受评议，执行村民会议或者村民代表会议的决议、决定。（9）建立健全村务公开和民主管理制度，并接受村民监督。（10）贯彻执行法律、法规规定的其他职能和职责。

近年来，县委、县政府和镇党委非常重视对农村基层组织的阵地建设，加强了对村级组织办公活动场所的建设，并将其作为社会主义新农村建设的重要抓手，按照统一施工图纸，统一规划土地的原则。我们在调研时，守努提一村的村委会院子正在建设当中，工程主要包括办公室、会议室、国旗台以及院内道路的硬化、绿化和围墙建设。工程投资80多万元，是由县、镇、村共同出资完成的。占地面积约1000平方米，其中有办公室10间，会议室1个，国旗台 1 个，院围墙 120 米，并且硬化了道路，还在院子前面栽上了树、种上了草。

三 村团支部

村团支部是中国共产主义青年团在农村的基层组织，是中国共产党的后备力量。守努提一村团支部是中国共产主义青年团在该村开展工作与活动的基层组织。村团支部与村里的广大团员青年有着最直接、最广泛的联系，是村党支部开展农村工作必须依靠的重要力量，同时也是不断向党组织输送优秀人才的重要途径。村团支部的主要职责：（1）加强对团员和青年的思想政治工作。（2）动员和组织团员青年在社会主义现代化建设中发挥作用。（3）加强对团员青年的教育和管理，做好团支部的经常性工作。（4）及时表彰优秀团员，宣传他们的先进事迹。（5）经常协助党组织对团员青年进行党的基础知识教育，及时向党组织推荐优秀团员作为党的发展对象。

守努提一村共有 58 个团员，每半个月活动一次，主要是进行政治理论学习、扶贫帮困、打扫环境卫生、抢险救灾等。团员在劳动生产过程中，发挥着重要的带头作用。本村有入团积极分子 10 人，通过团组织教育学习，使他们有了很大的进步，同时，也能防止一些青年人学坏，对一些表现好的团员，党组织经过考察教育，就会积极发展他们入党。

四 民兵组织

民兵是在中国共产党领导下的不脱离生产的群众武装，是我国武装力量的组成部分，是国家的后备武装力量。民兵的任务是：（1）积极参加社会主义现代化建设，带头完成生产和各项任务。（2）担负战备勤务，保卫边疆，维护社会治安。（3）随时准备参军参战，抵抗侵略，保卫祖国。

为加强国防后备力量建设，1987年全国边海防民兵工作会议之后，开始组建民兵应急分队。民兵应急分队是一支应付突发事件、维护社会稳定的拳头力量。牙哈镇专门建立了一支由20人组成的民兵应急分队。守努提一村则建立了一个由5人组成的民兵小分队。村里对其免除义务工，由村治保主任负责带领民兵。他们的主要工作：一是在村委会值班，以应付突发事件；二是晚上在村里巡逻，以起到维护社会治安稳定的作用。自治区综合治理办给每个村配备了一辆摩托车，主要用于应急维稳和平时巡逻。民兵必须是身体素质良好，政治可靠的人员。村里的民兵主要是由几个年轻且有上进心的青年组成的。

五　妇女委员会

守努提一村妇女委员会是该村的妇女组织，只有妇女主任一人，无其他成员，每次都是村长召集妇女开会，一个季度一次，主要是宣传计生工作，动员妇女积极参与社会活动，管好家庭，搞好生产。妇女主任与副村长待遇一样，妇女主任主要负责村里的环境卫生工作、计划生育工作。我国《妇女联合会农村基层组织工作条例》规定：乡镇妇女联合会和农村妇女代表会是妇女联合会在农村的基层组织，是党和政府联系农村妇女群众的桥梁和纽带，是农村基层政权的重要社会支柱。乡镇妇联和农村妇代会以马克思列宁主义、毛泽东思想、邓小平理论和"三个代表"重要思想为指导，深入贯彻落实科学发展观，坚持和发展马克思主义妇女观，贯彻男女平等基本国策，推动中国妇女、儿童发展，代表和维护妇女合法权益，团结、引导广大农村妇女为建设社会主义新农村，实现农村全面建设小康社会目标贡献力量。

其主要职责：（1）贯彻执行上级妇联组织及同级妇女代表大会或妇女大会决议；（2）加强与本村其他妇女组织的联系与合作，培育以妇女为主体会员的协会、联谊会等基层群众组织和农村经济合作组织，提高本村妇女组织化程度；（3）加强农村妇代会自身建设，建立和完善学习培训、工作会议、代表联系、检查考核、评比表彰等工作制度。

其主要任务：（1）宣传、贯彻党和政府在农村的方针、政策。教育和引导农村妇女发扬自尊、自信、自立、自强精神，提高思想道德素质、科学文化素质和健康素质，成为有理想、有道德、有文化、有纪律的时代新女性。（2）组织农村妇女参加"双学双比"、"五好文明家庭创建"、"巾帼科技致富工程"和拥军优属等活动。提高农村妇女科技致富能力，帮助农村妇女增收致富，促进农村妇女富余劳动力向非农产业和城镇有序转移。关爱农村留守妇女、留守老人和留守儿童。弘扬社会公德、职业道德和家庭美德。（3）推动农村妇女参与村民自治实践，反映妇女的意见、建议和要求，代表妇女参与村务决策，发挥民主参与、民主管理、民主监督作用，推进农村基层民主建设。（4）维护农村妇女儿童合法权益，宣传、普及有关妇女儿童的法律和法规，抵制封建迷信和陈规陋习，反对邪教。配合有关部门打击拐卖妇女儿童、嫖娼、卖淫、赌博、吸毒等违法犯罪行为，预防和制止家庭暴力，维护社会稳定，推进依法治村。（5）开展农村妇女培训，普及科技、环境保护、妇幼卫生保健和优生、优育、优教等知识，指导和推进家庭教育，倡导文明、健康、科学的生活方式；组织农村妇女参加现代远程教育学习。（6）协助党组织做好培养、推荐妇女入党积极分子和基层后备女干部工作，发挥妇联作为培养输送女干部重要基地的作用。（7）因地制宜建立妇女儿童活动阵地和科技示范基地，为妇女儿童提供有效服务。（8）实施"强基固本"工程，加强妇女联合会农村基层组织建设。

六　村治保调解委员会

村治保调解委员会实际上是村治安保卫委员会和村民事纠纷调解委员会的简称。村治安保卫委员会是管理该村治安保卫工作的组织，主要由村治保主任带领民兵在村里进行巡逻，处理村里发生的一些邻里纠纷和矛盾，以维护村里的正常生产、生活秩序。村调解委员会主任由治保主任兼任，主要是负责调解和处理村民中的一些小的民事纠纷和矛盾。村里发生的矛盾和纠纷主要是婆媳矛盾、邻里纠纷、土地纠纷等。其主要职责：（1）负责村里社会治安综合治理的日常工作，结合治安防范管理的实际，制订工作计划，落实社会治安综合治理各项工作。（2）组建治安巡逻队，配合民警开展工作，形成专群结合的防控网络体系。（3）组织村里一些德高望重的村民，协助调解和处理村民中发生的一些民事纠纷和矛盾，化解社会矛盾，防止矛盾激化。（4）积极开展治安安全文明创建活动，使农村的"三类"案件和治安案件得到有效的扼制。（5）积极开展经常性的法制宣传教育，提高普法教育的覆盖面。抓好民事纠纷的调解，防止出现矛盾激化事件。（6）组织落实对有劣迹青少年和刑释解教人员的帮教安置工作，使重新犯罪和新生犯罪得到有效的控制。（7）对辖区内的常住人口和流动人口要熟悉掌握，要配合户籍民警搞好教育登记工作。

第二节　基层管理

一　加强基层管理，努力推进农村建设

农村基层管理是乡村干部的重要任务，乡村干部要服务于农民、服务于农村、服务于农业，这也就是常说的"三农"问题。在农村，由于农民考虑的问题比较具体，都是与自己的切身利益相关的一些具体问题和实际问题，一般对政府的一些长期规划并不太关心，而政府为了能够增加农民的收入，解决农村的一些建设问题和农业的增产增效问题，一般都会针对任期做一些长远的规划，如发展林果业问题，调整产业结构问题，富民安居问题，抗震房建设问题等。农民眼前利益考虑得比较多，特别是在农村产业调整过程中，乡镇干部按统一规划要求连片种植果树或农作物，而农民因暂时看不到利益，所以，就不愿意种；按上级规定要统一建抗震安居房，上级还给建房户有一定的补助，每户补助从 2000 元到 6000 元不等，可是有些人仍然认为不符合他们个人的眼前利益，特别是在农村要求人们把旧房子拆掉，建统一的抗震安居房时，有些人就很不愿意，甚至与村干部闹矛盾，这些都是基层管理中所存在的一些问题。所以在工作中，不但要加强宣传工作，说服

工作，而且要加强管理，加强整体效应，但也要防止简单粗暴、防止矛盾激化。

1. 4211 工作机制

4211 工作机制，是指将在乡村工作的干部分成四部分，其中两部分人工作，一部分人学习，一部分人休假。制定这项制度的出发点是好的，主要是为了保证乡镇干部能有正常的工作、学习和休息，但我们在调查时，乡镇主要领导干部普遍认为这项制度在农村基层工作中很难实现。如我们在与牙哈镇党委书记张屹同志座谈时，他就说，4211工作机制对乡村领导干部的要求比较高，一般要求一岗多责，一岗多人。这项制度很好，但牙哈镇现有的干部根本实行不了，因为牙哈镇总共只有 54 名干部，其中领导干部20 人，剩下 34 个人中，还有 8 个工勤人员。如果按照4211分配，26 人根本不行，仅驻村干部就要 24 人，其他还怎么安排，根本安排不了，除非有 70 个编制才能做到，否则，根本做不到，现在镇上的干部只能抽空休息，还要留值班干部。所谓驻村干部，就是把乡里的干部派到村里帮助村干部工作，与蹲点干部一样，要和村里的干部同吃同住同劳动。其目的是要帮助村干部抓好农村工作。

2. 干部的作用

守努提一村是一个以农业为主的小村庄，村里全部都是维吾尔族，村干部在农村的农业生产中有着非常重要的作用。主要表现：一是村干部在农村的各项工作中要起积极的带头作用；二是要带领全村致富奔小康；三是要维护村里的社会治安问题。但也存在一些问题，主要表现：一是干部的文化程度不是很高，村里的干部多数只有小学或初中文化程度，对问题的理解往往不深不透，工作的主动性不强。二是村干部接受新生事物的能力比较慢，都不会双语，而将农业科技知识书籍翻成维吾尔文的资料又非常有限。三是村干部基本上没有到外地参观考察过，眼界还不够开阔，南疆农村本身就比较封闭，除少数一些人到外地打过工外，很多人基本上都没有到外地去过，所以只知道村里那一点点事情，以后有机会应该组织一些村干部到内地或者外地去看看，长长见识。牙哈镇有一些汉族干部，但比例很少，在牙哈镇不管是民族干部，还是汉族干部，关系都比较好，汉族干部在农村，农民还是很欢迎的，因为汉族干部相对而言，懂的东西要多一些，特别是在农村生产中，都希望能通过汉族干部的帮助，使他们在生产上能取得好的收成。当然，汉族干部在平时的工作中也在向民族干部学习，这样可以互相学习、互相交流、互相帮助。

但在前些年，南疆的农村出现了不同民族之间的一些矛盾和纠纷往往被不法分子利用，煽动民族仇恨，制造民族矛盾，破坏民族团结，影响社会稳定。其原因：一是不同民族之间，由于对有些民族风俗习惯不了解、不理解，因而容易引起误会和误解，如汉族农民在家里养猪，而维吾尔族人认为这是违犯他们的宗教禁忌的事情，还有一些人由于日常生活不注意，这些都容易引起误会和矛盾。二是有一部分人由于受民族分裂和宗教极端思想影响，在脑子里还残留着一些反汉排汉意识，对汉族人不分好人坏人都有一种排斥感。不过，通过集中整治和宣传教育，现在社会形势更在向好的方面发展，民汉关系有了明显的改善。社会要发展，人心思稳定，思发展已经成为一种趋势，因此，各族人民要共同努力、共同奋斗、共同繁荣、共同发展，要不断缩小贫富差距和地区差距。

关于民族干部的培养使用问题，牙哈镇党委书记张屹说，民族干部是民族地区各项事业向前发展的中坚力量，因此，必须要努力依靠和培养少数民族干部。牙哈镇的主要做法：一是让一些民族干部到机关挂职培养；二是让一些民族干部脱产到北疆或内地挂职、学习、锻炼、培养；三是让一些机关干部到村里任职，直接担任村长、书记或副村长、副书记，工作做得好再进一步提拔使用；四是镇党委和镇政府要有意识安排一些培训活动，对少数民族干部进行培养，对他们进行业务培训。如让村一级干部到镇上跟班学习、带薪学习。

3. 农民协会情况

守努提一村没有专门的农民协会，但有农民参加了牙哈镇的一些农民协会。在农村，许多农民为了增强抵御各种风险的能力，自发地组建了一些农民协会，主要有红十字会、葡萄协会、农机协会、蔬菜协会、水利协会。如牙哈镇的好几个村所种植的葡萄非常有名，于是由镇上一名副镇长出面并担任会长，成立了牙哈镇葡萄协会，由水管站技术员、科协科技干事、专业村的村干部、葡萄种植户参加，进行统一科技管理、统一出售定价、统一联系销售、统一保鲜储存。再如农机协会由分管农机的一名副镇长和农机站站长、技术员以及镇上的农机大户组成，统一全镇农机具的维修、使用和调配，包括对外承包工程，守努提一村有几户农机户都参加了镇上的农机协会。蔬菜协会由主管农业设施的副镇长、农技站技术员、山东蔬菜种植技术员、蔬菜大棚种植户，进行统一种植、统一指导、统一定价、统一出售、统一管理。水利协会采用分水到户的管理模式，由管水的副镇长、水管站等组成协会领导班子，每个村都有 5~7 人的管水队伍，监督干部管好水、用好水、种好地，实行统一用水、民主管理，以达到节约用水、减少浪费、降低成本、提高效率的目的。

二　村民自治

1. 选举村干部

我国《村民委员会组织法》规定，村民委员会是村民自我管理、自我教育、自我服务的基层群众性自治组织。村民委员会实行民主选举、民主决策、民主管理、民主监督。守努提一村村民委员会根据村民之间的居住状况一共分设了 5 个村民小组，村民小组组长都是由村民小组会议推选出来的。村民委员会主任、副主任和村委会委员，都是由村民直接选举产生的。村民委员会每届任期三年，每期届满之时都要举行换届选举。村民委员会的选举由村民选举委员会主持。村民选举委员会由主任和委员组成，由村民会议、村民代表会议或者各村民小组会议推选产生。村民选举委员会成员被提名为村民委员会成员候选人时，就要退出村民选举委员会。村民选举委员会成员退出村民选举委员会或者因其他原因出缺的，一般要按照原推选结果依次递补推选。

《村民委员会组织法》规定，凡年满 18 周岁的村民，不分民族、种族、性别、职业、家庭出身、宗教信仰、教育程度、财产状况、居住期限，都有选举权和被选举权；但是，依照法律规定被剥夺政治权利的人除外。村民委员会采用直接选举的方式进行选举，这是我国广大农村最伟大的民主实践，在农村的政治文明和经济建设中发挥着巨大的作用。守努提一村村委会的成员都是通过选举产生的。村委会选举实行差额选举（出纳和村民小组长除外）的方式进行。每个位置一般设置3个候选人，而候选人则由本村有选举权的村民直接提名，然后由全体村民投票选举产生。选举实行无记名投票、公开计票的方法，选举结果当场公布。

　　守努提一村的村民无论是对村委会的选举，还是对村民代表的选举，热情都很高，因为，村民对村里的事情都非常关心。村民们很清楚，一般认为有能力的人，愿意帮助村民的人容易被选上。选举村民委员会，必须要有选举权的村民的过半数投票，选举结果才能算有效，如果投票的人不过半数，则选举结果就会被宣布无效；只有候选人获得了参加投票的村民的过半数的选票，才能当选村干部。

　　村里的支部书记一般是由村党支部全体党员选举产生的。书记的当选，一方面要看是不是能带领村民走致富的路，另一方面还要看是不是有能力，是不是愿意帮助人。

2. 村民自治实行一事一议

　　村民自治是指广大农民群众直接行使民主权利，依法办理自己的事情，创造自己的幸福生活，实行自我管理、自我教育、自我服务的一项基本社会政治制度。村民自治的核心内容是"四个民主"，即民主选举、民主决策、民主管理、民主监督。守努提一村在平时的管理中都是实行民主管理，民主决策。村里有什么大事小事，一般都会拿到村民大会上进行讨论决定，村委会实行一事一议，村委会干部在广泛听取村民意见的基础上，根据轻重缓急决定村里的工作重点。村民会议研究的基本上都是村里的热点难点问题。村党支部在政治上是领导核心，对村委会的工作有一定的指导作用。村民有什么问题,一般都是先找十户长反映解决,再不行就是找村民小组长,然后再向村委会汇报,由村委会决定。

3. 普法教育

构建社会主义和谐社会是我们党从全面建设小康社会、开创中国特色社会主义事业新局面的全局出发提出的一项重大任务。自 1986 年开始,我国的全民普法教育活动已经经历了四个"五年普法规划"的实施过程。近 20 年来,作为民主法制建设的一项重要基础工作,法制宣传教育工作紧紧围绕党和国家的大局,紧密结合国家民主法制建设的发展和需要,宣传依法治国、建设社会主义法治国家的基本方略,宣传民主法制思想,宣传宪法和国家的基本法律,在维护社会稳定、促进社会发展、推进依法治国方略的实施中,发挥了极其重要的基础性作用。从"一五"到"四五",每一个"五年普法规划"的实施对广大干部群众法制观念、法律素质和法治意识的提高都产生了非常重要的推动作用。

2006 年,党和国家又开始了第五个"五年普法规划"的实施阶段。"五五普法",它是"四五普法"的传承和延伸。它要求各地区、各部门要结合实际认真实施普法教育。法制宣传教育是提高全民法律素质、推进依法治国、建设法治国家的一项基础性工作,是构建社会主义和谐社会和全面建设小康社会的重要保障。守努提一村在"五五普法"过程中,根据县和乡镇的具体部署和要求,在农忙时,半个月组织村民学习一次有关的法律规定;在农闲时,每周组织村民学习一次有关的法律规定和法律知识。学习分小组进行,按十户一组学习。学习一段时间之后,要求每个家庭都要写出心得体会，并且还规定每户必须要有一个人要参加普法考试，以检查学习效果。学习的法律主要有：《计划生育法》、《林业法》、《刑法》、《刑事诉讼法》、《未成年人保护法》等。2006 年，村里共举行过 3 次普法考试，虽然考试成绩并不十分理想（因为村民普遍文化程度不高），但它对提高村民的法律思想、法律观念和法律意识还是起到了非常好的促进作用。2007 年，普法教育主要是以写心得体会的方式进行。通过普法教育，村民的法律知识和法律意识都有了明显增强。主要表现：一是打架斗殴和赌博现象明显减少，二是有什么问题一般都会用法律的方法解决问题，三是遇到问题一般都能依法说理。

4. 村里的社会治安状况

"五五普法"期间，库车县在"法治进乡村"工作中，以《村规民约》为抓手，加强了农村法治建设。守努提一村根据县乡镇的要求和村民委员会组织法的相关规定，制定了符合本身实际的"村规民约"，并和村民签订了《遵规守约承诺书》。守努提一村还将"村规民约"贴在每家的门口，以便于大家互相监督。村里实行自我约束、自我管理，村里承担的各种任务都要完成。比如种植棉花的任务、栽种果树苗的任务、建设抗震安居房的任务、出义务工的任务，等等。对于上级下达的任务如果不能完成，年底对干部的考核就会受影响。

村里的社会治安状况在我们调查时，群众的反映还是挺好的。因为村里 24 小时都有人值班，夜里 2 点钟以后，村治保主任就组织村里的民兵进行巡逻查夜。若发现有年轻人无所事事、在外游荡，一般情况下就会安排让其出义务工。巡逻时如果发现有人赌博或者看黄色录像，第二天就要向派出所报告。因为村里与每家每户都签订了《遵规守约承诺书》和《维护社会稳定责任书》。

村里的民间纠纷一般都是通过调解的方式解决，很少有人去打官司。因为村民之间的矛盾和纠纷多数都是些小矛盾，如牲畜吃别人家的庄稼、丢了东西等邻里纠纷，一般都是先由十户长进行调解解决，如果解决不了再由村治保主任解决。村民们普遍反映，村治保主任对人对事都比较认真，能一碗水端平，所以，村民也比较佩服他。村治保主任解决不了的问题，再由村委会研究解决，如果还不行就交镇司法所解决。

我们在和村民座谈时，他们反映，以前村里有小偷小摸、打架斗殴和吸毒的问题，还发生过偷窃油田上石油的事情。但近几年来，由于守努提一村对社会治安管理工作的宣传教育抓得比较紧，管得比较严，并且加强了民兵巡逻，对违犯社会治安综合治理的人抓住一个就严加管教，以警示他人。所以，村里的案件、矛盾和纠纷就相应地减少了，社会治安状况也变好了，村民对社会治安的满意程度也就提高了。

三　精神文明建设

农村的精神文明建设主要包括农村思想建设和农村文化建设两个方面。它是社会主义精神文明建设的一个重要方面。农村精神文明建设是随着物质文明建设的发展而发展的。一方面，物质文明建设的发展带来了广大农民精神面貌的变化；另一方面，物质文明建设的发展，也对农村精神文明的建设提出了新的任务和要求。二者之间是互为条件、互相促进、相辅相成的。

守努提一村在加强农村精神文明建设方面，坚持物质文明和精神文明同步发展。在坚持发展物质文明建设的同时，还大力开展了精神文明建设活动，他们以社会主义荣辱观教育为契机，以双拥共建为主题，大力开展民族团结教育活动，不断促进社会的进步与和谐，积极引导村民走科学发展的路。

一是以农业生产技术培训为主，大力普及农村文化科学技术教育，丰富农村文化生活。牙哈镇为了调整产业结构，增加农民收入，积极转移农村剩余劳动力，于2006年在全镇各行各业中大力开展了技术培训活动，并且要求每个村都要派人参加。守努提一村积极响应这一号召，先后派出35人参加了库车县和牙哈镇组织的以农业生产为主的棉花种植技术培训班、果树栽培与修剪技术培训班、牲畜疫病防治技术培训班、农机操作与维修技术培训班、抗震安居工程建设技术培训班、油气管道维护与管理技术培训班、农村沼气池修建与使用技术培训班、裁剪缝纫技术培训班等，极大地提高了村民学科学、用科学的积极性。

二是积极开展"文明创建"活动，受到了村民的普遍欢迎。通过"文明村"、"平安户"的创建，给村民的家门口都挂上了"文明村"和"平安户"的牌子，有效地提高了村民的素质。健全了村里的规章制度，完善了村里的管理办法。村委会一班人也加强了对村民的服务意识，对村民所反映的大事小事都能认真解决，提高了办事效率，及时地处理群众反映的各种问题，使村里的文明程度和治安状况得到了明显的改观。

第三节　干群关系

干群关系是我们党在进行社会主义新农村建设过程中，必须要给予高度重视的一个问题。我们的政府是人民的政府，我们的干部是人民的干部，是为人民服务的公仆，但现实社会中，有些干部忘记了自己的公仆身份和公仆意识，把自己当成了人民的老爷，在人民群众中吆五喝六的，总觉得自己很了不起，有的甚至以权谋私、损公肥私，在人民群众中造成了非常不好的印象。

牙哈镇党委和政府非常注意对广大干部的培养和教育，他们非常重视人民干部为人民的基本理念，他们在任务重、工作忙的情况下，仍然积极推动机关干部下基层驻村工作，也就是把机关干部安排到村里，让他们吃住在村里，了解情况，解决问题，帮助村民脱贫致富，给群众解决实际困难。这样，使广大干部更加贴近群众、贴近生活，以密切干部和群众之间的关系。

牙哈镇共有 24 个行政村，因此就必须得安排 24 名驻村干部。所以牙哈镇党委书记张屹在谈到干部 4211 工作机制时说，干部不够用，因而 4211 工作机制也就未能落到实处。在 24 个行政村中，发展好的班子工作能力比较强，群众意识比较强，能起到积极的带头作用。但从目前牙哈镇的干部情况看，还存在下面一些问题：

一是农民党员包括富裕户对进入村党支部和村委会班子的积极性不高，村级班子建设有问题，以至于形成了无人可用、无人愿干的情况，直接影响了一些村党支部和村委会作用的发挥。

二是国家对农业生产扶持大，但乡镇一级政府资金缺乏。农户建设新农村，国家的扶持资金有资助，所以村里的发展速度相对比集镇发展快。按说镇一级政府所在地应当具备各方面的功能，才能更好地发挥辐射作用，但由于乡镇无资金支持，所以发展上反而比较慢。

三是干部结构要调整，现在农业生产技术管理人员相对充足，但其他社会事务管理方面的专业人才比较少，以致使小城镇建设没有合适的机构和人员管理。

上面主要是从牙哈镇了解到的一些情况，关于守努提一村的干群关系问题，在我们调查时，大家都反映现在的干群关系比前几年好多了。现在村委会实行财务公开，接受村民监督，听取村民的意见，解决村里的实际问题。小问题直接就在村里解决了，绝不闹大，也不把矛盾上交。当然也并不是一点问题都没有，有时候也会出现一些这样那样的问题，主要是林果业种植方面的事情稍微多一些。村民觉得村里的土地不宜种红枣，但春秋两季都有指标，好多枣树苗种到地里后都干死了，原来说的给补偿，但后来也没结果。所以村民有一些怨气。

上级单位与村民之间没有什么大的矛盾，主要是生产调整中的一些小问题。如为了发展林果业，搞集约化经营管理，以提高农民的收入，上级机关认为这是在为农民办好事，要求农民都要栽种枣树苗，并且下达了种植任务，而且还按成活率给予农民补贴，每种活一棵枣树，给农民补助购树苗款的50%。而村民们认为种枣树见效慢，不如种棉花稳当，况且上面的补贴是要到秋后按照成活率补的，但由于统一发来的枣树苗未做好保湿工作，当树苗到农民手里时，好多树苗都干了，因此成活率很低，就是有补贴，每棵按 3 元计算，有的人还是觉得不划算，因而有一些意见。因此，在农村工作中，必须要给村民做好解释工作，从长远看，还是发展林果业比较好，所以，应当要按上级的要求办。别的没有什么影响干群关系的大纠纷，村干部们大多数都能够廉洁自律，没有发现有多吃多占的情况。

我们在和村民吐尼沙古丽·尼亚孜座谈时，她说：现在干群关系很好，原来由于大家都比较穷，问题比较多一些，现在干部带领农民致富奔小康，使农民增加了收入，所以问题也就少了。现在村里游手好闲的人少了，大家都在忙着想办法挣钱过日子哩。她还说：守努提一村的社会治安状况比较好，村里现在没有小偷小摸、打麻将、赌博等现象了，村里也没有刑事案件，一些小的民事纠纷都是通过村治保主任调解解决的，没有到法院打官司的情况。

第四节　村里的"三老"人员

守努提一村现有 6 名"三老"人员。"三老"人员主要是指老党员、老干部、老模范。"三老"人员在农村维护社会稳定、搞好生产建设及工作监督方面仍然发挥着重要的作用。自治区政府给"三老"人员每年都发一部分生活补贴，刚开始是每人每年 200 元，后来提高到 300 元、500元，从 2006 年开始，每位"三老"人员每年发 1000 元的生活补助。

图 2-2 调研组与村里的老党员进行座谈

表 2-4 守努提一村的"三老"人员

姓 名	性别	民 族	年龄	入党时间
买买提·热西提	男	维吾尔族	69	1962.7.1
塔吉然木·托乎提	男	维吾尔族	69	1960.7.1
扎伊·艾拉	男	维吾尔族	69	1967.7.1
居买·色衣提	男	维吾尔族	73	1976.7.1
买买提·依达依	男	维吾尔族	79	1966.7.1
艾米都力·拜图拉	男	维吾尔族	67	1991.7.1

附一：守努提一村"三老"人员访谈录

时间：2007 年 9 月 20 日，星期四

访谈人：何运龙

语言翻译：艾则孜江·尼亚孜

访谈对象：守努提一村"三老"人员买买提·热西提

问　请介绍一下你的基本情况。

答　买买提·热西提，男，维吾尔族，共产党员，现年70岁，文盲，家里有5口人，我本人、儿子、儿媳、2个娃娃，种20亩地，其中17.5亩棉花，2.5亩玉米。

问　你哪一年任职？

答　我于1966年当的守努提一村干部，1988年任村党支部书记，从1978年到1988年，10年当了两届村支部书记，对三老人员的待遇以前是每年200元，四年共给了800元，去年给了1000元。

问　村里有几名"三老"人员？

答　村上有六名"三老"人员，

问　"三老"人员的条件是什么？

答　具体我忘记了。

问　"三老"人员现在还发挥作用吗？

答　是，还在发挥一些作用。一是村里有事找我们商量，二是参与商量村里的一些大事情，三是积极带头完成各种任务、落实各种方针政策。

问　村上有没有石油、天然气的开发？

答　在村子后面的碱滩上打出了石油和天然气。

问　村上对石油开发有什么意见吗？

答　没有意见，是好事。

问　作为"三老"人员，年龄大了有没有信教的要求和想法？

答　没有那样的想法。

问　村上的干群关系怎么样？

答　关系很好。

问 村上的治安情况怎么样？

答 治安良好，乡里、村里天天进行检查哩，现在群众的觉悟水平提高了。小偷小摸、打架斗殴在近两年基本没有发生。

问 你参加农村合作医疗没有？

答 参加了，看病给报70%，看病方便多了。

问 群众对合作医疗的态度如何？

答 非常拥护和欢迎，我们少交钱，而且能得到实惠，本村的人几乎都参加了农村合作医疗。

问 你家里的经济条件怎样？

答 去年，我家棉花收入18000元，现在自给自足，也没有欠款。四年前我老伴得病花了4万多元，没治好去世了，当时还没有实行农村合作医疗，所以钱都是自己拿的，欠了些账，这几年也还完了。

问 你家里抗震安居房盖了没有？

答 盖了，但补贴还没有拿到，因为要验收合格之后才给补贴，现在上面还没有盖好，这几天村里安排挖渠，没有人手，所以先放一放，我把木头都准备好了。再过一段时间就盖好了。

问 老百姓对盖抗震安居房有没有意见？

答 没有意见，房子是自己住的，土房子不安全，抗震安居房屋是安全的，是为老百姓做的好事情。村里是分期分批盖，今年盖不起的，可以等明年有收入后再盖。大部分都快盖完了。

问 给"三老"人员的钱是哪里给的？是一次给的吗？

答 是把我们召集到镇上，由镇政府统一发的，到底是哪里给的我们也说不上，反正是上面统一给发的。去年古尔邦节给了 500 元，春节给了 500 元。

问　其他非"三老"人员的群众对此有没有意见？

答　是组织上给的，他们没有意见。

问　"三老"人员怎么考虑？

答　这是党和政府对"三老"人员的照顾，开始是让我们免费种两亩地，去年把土地收回后给我们发的钱。

问　村上义务工多不多？

答　作为农民，不挖渠引不了水也是不行的，所以大家没有意见，义务工主要是挖渠。

问　农民对科学种田的态度如何？

答　农民非常喜欢科学种田，通过科学种田能提高产量，增产增收。

附二：守努提一村"三老"人员访谈录

时间：2007 年 9 月 20 日，星期四

访谈人：何运龙

语言翻译人：艾则孜江·尼亚孜

访谈对象：守努提一村"三老"人员买买提·依达依

问　请介绍一下你的基本情况。

答　买买提·依达依，男，维吾尔族，现年 80 岁，共产党员，上过三年小学，1965 年入党，原是村上的治保主任、贫协主任。现在家里有 5 口人，我本人，女儿、女婿、两个娃娃。种 11 亩地，老婆和儿子去世之后，一部分地无力耕种，把一部分地退掉了。

问　家里生活如何？

答　还可以，差不多。

问　政府对"三老"人员有什么补助？

答 今年给发了 1000 块钱，原来是 200 元，300 元的给，去年给 1000 元，今年还没有给。

问 村上有几个"三老"人员？

答 我们四小队有两个"三老"人员。

问 村上现在干部和群众的关系怎么样？

答 现在关系很好，原来人们口袋没钱，现在人们口袋有钱了，没有小偷小摸的了，所以治安也就变好了。现在又让我们挖渠，又让我们交水费，在这个问题上面群众有一些意见。水渠是我们出义务工挖的，用水我们还要交钱，村民们认为，既然用水交费了，那么挖渠就应该给劳务费。

问 "三老"人员信教吗？

答 我不信教，我也不去清真寺。只在过年过节时去一下，其他时间不去，有人死了要送葬时去。

问 现在搞石油开发，你知道吗？群众有什么意见没有？

答 没有意见，原来有意见，嫌把土地占用了，害怕会引起地震，害怕把房子震塌了。后来经过教育和讲解有关的科学知识后，大家明白了，意见也没了。

问 你家盖抗震安居房了没有？

答 盖了，我盖的是钢筋混凝土房子，我的房子离道路远一些，有 70 多米。

问 现在还参加村上的活动不？

答 参加，经常参加支部学习活动。

问 现在党费交吗？

答 我每年交 2.5 元的党费，有时是 3 元，我到底该交多少，我也说不清楚。

第五节　社会治安

一　社会治安综合治理

社会治安综合治理是指在各级党委和政府的统一领导下，在充分发挥政法部门特别是公安机关骨干作用的同时，组织和依靠各部门、各单位和人民群众的力量，综合运用政治的、经济的、行政的、法律的、文化的、教育的等多种手段，通过加强打击、防范、教育、管理、建设、改造等方面的工作，实现从根本上预防和治理违法犯罪，化解不安定因素，维护社会治安持续稳定的一项系统工程。

1996 年 2 月，中共中央、国务院发布了《关于加强社会治安综合治理的决定》。其中明确指出，社会治安综合治理的基本任务是：在各级党委和政府的统一领导下，各部门协调一致，齐抓共管，依靠广大人民群众，运用政治的、经济的、行政的、法律的、文化的、教育的等多种手段，整治社会治安，打击犯罪和预防犯罪，保障社会稳定，为社会主义现代化建设和改革开放创造良好的社会环境。

社会治安综合治理的主要目标是：社会稳定，重大恶性案件和多发性案件得到控制并逐步有所下降，社会丑恶现象大大减少，治安混乱的地区和单位的面貌彻底改观，治安秩序良好，群众有安全感。社会治安综合治理的工作范围，主要包括"打击、防范、教育、管理、建设、改造"六个方面。

　　农村的社会治安综合治理工作是整个社会治安综合治理的重要组成部分。守努提一村根据县乡村社会治安综合治理的总体部署和要求，也狠抓了农村的社会治安综合治理工作。

　　一是健全组织。村党支部、村委会领导班子，事业心和责任感都比较强，愿意为群众操心、为群众服务，对农村社会治安综合治理工作的认识到位。近年来，村的两委班子成员在维护农村稳定工作中想了不少办法，做了大量工作。如签订社会治安综合治理责任书、主动调解村民之间的矛盾纠纷、带头参加夜间治安巡逻等，有的党员还义务担任治安监督员。在党支部的领导下，村里建立了治保、调解、普法、帮教、巡逻"五位一体"的综治办，有固定的办公场所，上级还给配备了一辆综合治理巡逻车和一些必备的设施和器械。

　　二是防范措施到位。村里基层组织健全，群防群治工作开展得比较好，基本解决了治安防范工作有人管事、有人干事。牙哈镇政府有一支 20 人的民兵应急分队，常年吃住都在镇政府大院里，一个月 400 元误工补助，吃住不要钱，人武部对他们都有严格训练和考核。平时除正常训练外，还组织他们进行政治学习和农业技术培训，把他们当做后备村干部培养，一年一期，有的回到村里后就将其充实到村两委班子中，让其担任村干部。守努提一村也有一个由 5 人组成的应急小分队，由村治保主任带领进行值班和巡逻。

　　三是全面动员，搞好创建。守努提一村把综合治理和创建平安乡村联系起来，充分认识到"综治是创建的基础，创建是综治的深化"，是老百姓"一要富裕，二要平安"的迫切需要,是党和政府维护社会稳定,促进经济发展的有力措施。积极开展"扫黄"、"打非"活动,坚决制止非法宗教活动和宗教狂热。并对村里的各种文化市场进行定期不定期检查,依法管理文化娱乐场所,努力净化文化市场和社会环境。以消除不利于青少年成长的社会环境,积极做好意识形态领域反分裂斗争思想教育,坚决抵御反动思想和非法宗教活动向校园和青少年渗透。

四是做好人民调解工作,防止矛盾激化。人民调解工作是一项非常重要的工作,村里不但成立了村治保委员会,而且还成立了调解委员会,基本上做到了机构、人员、制度配套齐全,这对切实抓好人民调解工作起到了组织保障。根据社会治安综合治理的总体要求,进一步完善了镇、村、组、十户联保四级调解网络机制,按照抓早、抓小、抓苗头的方针,定期开展社情分析和矛盾纠纷的排查调处工作,从而使农村的社会治安状况得到了明显的改善。

五是加强了交通安全和消防安全。国家为了解决乡村交通不便的问题,在农村开展了"村村通"工程,南疆的农村道路建设有了很大的发展,但路好了,车多了,相应的交通事故也多了,牙哈镇为了最大限度地保障广大人民群众的生命财产安全,消除交通事故隐患,又在道路通过村庄的路段分别修建了减速带,大大地减少了交通事故的发生率。村里还对一些重点部位配备了消防设施,并定期不定期地开展安全检查,还在学校和村民中进行消防和交通安全宣传教育活动,让大家能积极主动地预防火灾和交通事故的发生。

二　以维稳大局为重，努力构建农村社会的和谐与稳定

1. 守努提一村两委班子在牙哈镇党委政府的领导下，非常重视农村的社会稳定问题。牙哈镇党委、政府把稳定工作放在党委、政府中心工作的重要议事议程，采取"党委书记亲自抓，分管领导主要抓"的方针，从制度建设、网络建设、资金配套等方面确保了工作的有效开展。截至2007年6月，全镇共设10户联防组织398个、治安联防小组24个、村级民兵组织21个，配备治保主任26人、调解主任26人、调解员138名，建立了群防群治网络。守努提一村也在这个过程中配齐了治保和调解组织人员，建立了自己的群防群治体系。

2. 严格落实综合治理各项工作制度。一是坚持定期例会制度。把稳定工作摆到重要议事议程，村两委班子每半个月要召开一次敌情社情分析大会，主要讨论和研究解决农村维护稳定工作中存在的问题。二是坚持综合治理工作人员培训制度。镇综治办为了提高村治保主任的业务素质，了解当前社会形势，每个月都要把村治保主任如集中到镇上进行培训，通过对党和国家有关法律、政策的业务培训，使其熟知自己肩负的责任。三是坚持值班带班制度，为了确保本辖区内社会稳定，村治保主任每天都要带领民兵值班巡逻，在村里的主要路口设有检查点和布控卡，以"卡得住、控得牢、能缉获"为目标，强化了卡点建设，这些措施在抓捕追逃中发挥了非常好的作用。四是坚持宗教管理的"两项制度"。镇领导和村干部每周至少走访一次清真寺，切实掌握宗教活动场所人员的基本情况，依法加强对

宗教事务的管理，防止非法宗教活动的渗透。

3. 以普及法律知识为载体，努力创建"平安乡镇"。严厉打击"三股势力"和各类违法犯罪活动，是促进农村社会和谐稳定的基础。镇党委和政府积极开展了"安全文明小区"和"平安乡镇"创建活动。守努提一村结合"平安"创建活动，在村里开展了"文明单位"、"星级文明户"、"遵守纪律、遵守法律光荣户"等评选活动，加强了村民的思想道德和法制观念，从根本上起到了预防和减少违法犯罪活动的发生。守努提一村在 2000 年年底被库车县评为县级"安全文明小区"，2005 年被库车县评为县级"文明村"。

第三章　经济发展

第一节　生产方式及经济状况

一　综合经济

守努提一村所在的库车县是丝绸之路上经济开发较早的绿洲之一。但长期以来由于受自给自足小农经济限制，社会生产发展十分缓慢。2000多年以前，库车一带的冶铁技术相对发达，其冶铁"恒充三十六国"之用①，但主要是用于军事，而用于生产生活的则很少。汉唐时代"库车利刀"远销中亚，刀剪、制裘享有很高的声誉。库车绿洲主要是以农业为主的农耕经济，农业生产在库车居于支配地位，但由于农民深受封建领主、伯克官吏、地主恶霸、宗教势力的剥削和压榨，所以，农技农艺处于十分落后的状态。清末民初直至新疆解放前夕，库车一带90%以上的人务农，但生产农具却十分简陋，而且极度匮乏。大多数农民过着衣不遮体、食不果腹的穷苦日子。

库车县刚解放时，全县共有29724户农民，农户中仅有

---

① 《库车县志》，新疆大学出版社，1993，第120页。

2875 张犁，平均每 10.3 户 1 张犁，每人仅有 1.5 件小农具（包括铲子、镰刀、坎土曼等）。1949 年的生产总值只有2319.57 万元。农民种地不进行选种，播种采取骑马撒种方式，也不进行中耕除草和防治病虫害的工作，所以，农作物产量很低。1949 年，全县播种粮食作物 34.78 万亩，平均亩产 58.97 公斤，总产 20508.5 吨；播种棉花 4.3 万亩，亩产皮棉仅 5.99 公斤，总产 257.6 吨；播种油料 3 万亩，亩产 27.25 公斤，总产 818 吨；每人平均占有粮食 137.7 公斤，棉花 1.73 公斤，油料 5.49 公斤。畜牧业生产也很落后，常有疫病流行。1949 年全县牲畜 23.46 万头，其中大牲畜 6.2 万头。新中国成立后，库车的经济发展走上了一条快车道，人民生活水平有了很大提高。

　　1950 ~ 1957 年，进行社会主义改造，实行生产资料公有制，消灭阶级剥削，解放生产力，使生产得到了很大的恢复和发展。1958 年不切实际的"大跃进"及由此时刮起的"共产风"给国民经济发展造成了严重灾难。1960年以后，先是三年自然灾害，随后工农业生产逐渐恢复。1966 年的"文化大革命"再度影响了经济的健康发展；1976 年粉碎"四人帮"后，拨乱反正，解放思想，改革开放，努力发展生产力，特别是在十一届三中全会以来的正确路线方针政策指引下，实行了经济体制改革，促进了社会生产迅速发展。进入 21 世纪以来，在西部大开发的背景下，库车县的经济发展更是取得了飞速的发展。各主要时期社会生产总值以 1949 年为基数，1957 年比 1949 年增长了 70.8%；1978 年比 1949 年增长了 5.2%；1990 年比 1949 年增长了 26.7 倍；2006 年比 1949 年增长了152.6 倍。

表 3 –1 库车县自 1949 年以来国民生产总值与人口统计表

年份	生产总值 （万元）	净增加额 （万元）	年均增长率 （%）	人口 （人）	人均 （元）
1949	2319.57			148938	155.74
1957	3961.15	1641.58	8.84	166826	237.44
1978	14297.67	10336.52	12.42	295575	483.72
1980	19623.98	5326.31	12.41	302456	648.82
1985	25930.35	6306.37	6.43	320285	809.60
1988	43467.76	17537.41	16.91	331774	1310.16
1990	64289.46	20821.70	15.97	339222	1895.20
2000	168071	103781.54	16.14	388575	4325.32
2002	215169	47098	14.01	395601	5439.04
2004	290135	74966	17.42	414100	7006.40
2006	356400	66265	11.42	423100	8423.54

守努提一村位于牙哈镇东南方，距镇政府 6 公里，全村共有 5 个村民小组，2006 年共有 279 户、1304 人，其中有劳动力 435 人，外出务工的有 227 人。守努提一村全村面积为 4200 亩，其中耕地面积 3436 亩，人均 2.63 亩。有共产党员 29 名，共青团员 58 名。守努提一村在 2000 年年底被库车县评为县级"安全文明小区"，2005 年被库车县评为县级"文明村"。

党的十一届三中全会以前，守努提一村的社会劳动生产率并不高。1978 年以后，国家进行经济体制改革，农村实行土地家庭联产承包责任制。守努提一村也和全国一样，于 1982 年将村集体土地交由村民承包经营，期限是 15 年不变。这一措施一是有效地解决了计划经济时期的生产模式，极大地解放了农民的生产力，较好地利用了当地的自然资源。二是村民通过承包地种小麦、种玉米、种棉花、种甜菜，不但有效地解决了村民的温饱问题，而且增加了村民的收入。特别是西部大开发战略实施以来，这种变化更为明显。三是大兴水利，充分提高了土地的利用率。守努提一村是在库车绿洲的边缘地带，缺水十分严重，乡政府每年都要组织群众到牙哈镇北部山区修水渠，不但自力更生修建了牙哈和守努提两条24公里长、流量为12立方米的卵石干渠，而且还修建了一座面积为1600亩的黑孜尔水库。另外，由镇政府牵头还成立了一个专业打井队，常年打井，有效地解决了农业灌溉用水问题。四是随着人口的增长，开垦了不少过去无人耕种的荒地，增加了土地面积，增加了村民的收入。

守努提一村两委班子在上级党委、政府的领导下，高举中国特色社会主义理论伟大旗帜，认真贯彻党的十七大精神，以创建地区级文明村为努力方向，解放思想、开拓创新、不断探索，带领全村党员、干部和群众，不断壮大村级经济，积极开展新农村建设，各项事业全面发展，乡村环境优美，社会秩序安宁稳定，农村家庭团结和睦，尊老爱幼，风气良好。2005年，守努提一村经济总收入432.5万元，按1282人计算，农民人均纯收入3374元，村集体积累9.3万元。2006年守努提一村的农民人均纯收入达到了4362元，全面提高了农民的收入，增加了新农村建设的投入，提高了农民的物质文化生活水平。

2005年，库车县根据阿克苏地区经济发展所提出的

"6122 工程"①，带领全县各族干部群众进一步解放思想、开拓创新、奋力拼搏，实现了国民经济的快速发展，综合实力显著增强，已跃居中国西部百强县市第 24 位。2006年，库车县经济综合竞争力位居中国西部百强县（市）第 22 位，并入围了中国最具投资潜力中小城市百强第 58 位。库车县经济的迅速增长，一是得益于石油、天然气的开采和开发，二是加快了石油化工和煤炭化工基地的建设，库车生产的化肥已经大量投放南疆各地州的农业生产之中，三是工业产业的迅速发展，有力地提振了库车的经济发展，并且会进一步反哺农业。随着库车县经济形势的向好，守努提一村的经济增长一定会一年更比一年好。

第二节　产业结构的调整

守努提一村的产业结构主要以农业生产为主，此外，还有一些林果业、畜牧业、养殖业。农业主要以种棉花、小麦、玉米为主。林果业主要栽种一些杏树、梨树、桃树、枣树、核桃树、石榴树、葡萄树、无花果树、李子树、苹果树等。为了不断增加农民的经济收入，根据县政府和镇

---

① 6122 工程，是阿克苏地区所提出的新型工业化发展思路，即建设"六大基地、一个目的地、两座城市和两大文化品牌"，具体说就是：要把阿克苏建成新疆的重要石油化工基地、煤电基地、煤焦化工基地、棉花产业基地、以红枣核桃为主的优质果品基地、优质商品粮基地和新疆乃至我国西部知名度较高的重要旅游目的地，建设阿克苏和库车两座龙头城市，打造龟兹文化、多浪文化两大地方特色文化品牌。6122 工程，是立足于阿克苏地区丰富的自然资源文化资源基础之上的，是阿克苏实现优势资源转换、加快新型工业化进程、走特色经济发展之路的一把"金钥匙"。

政府的部署，守努提一村正在继续加大调整农业产业结构的力度，并不断加大产业化经营规模。

一 种植业

守努提一村一直是一个以农业为主的小村庄。主要以种植棉花和小麦、玉米为主。这和牙哈镇的整个种植结构是相一致的。自 2001 年至 2006 年 6 年中，全牙哈镇共种植棉花 142143 亩，皮棉单产 92.14 公斤，总产量 13097 吨；种植小麦 15 万亩，小麦亩产 425.2 公斤，总产量达 63773 吨；种植玉米 11.9 万亩，亩产 436.8 公斤，总产量 51979 吨。开创了农业生产总产量年年增加的好局面。但不管怎么样，仅靠农业种植是很难让农民尽快过上富裕生活的。因此，必须要进行产业调整。但产业调整也不是说调就能调的，产业调整必须要和当地的实际情况相结合。产业调整必须要放在一个大的环境和背景下来考虑，它不是一个村两个村所能解决的问题。库车一带属于绿洲经济，牙哈镇又是在绿洲和戈壁沙漠的边缘地带，守努提一村又处在牙哈镇的边缘地带，守努提一村没有自己的特色产业。因此，守努提一村的产业调整必须要和牙哈镇的产业调整以及库车县的产业调整相适应。否则，就达不到产业调整的目的和效果。

库车县为了大力发展经济，提高农民收入，一是在县城东的一大片戈壁滩上规划发展石油化工产业；二是在县城西北的戈壁滩上发展煤电产业；三是根据库车县昼夜温差大，白天光照时间长的特点，大力发展林果业；四是用科学种田的方法不断提高传统种植业棉花、玉米、小麦的单产量。牙哈镇根据县上的总体部署，结合牙哈镇南部和北部（以 G314 国道为界）的不同温度特性和农作物的地带性特点，进行了产业调整。守努提一村主要是采用棉花、玉米、小麦的高密度种植以及果树苗间作矮化的种植技术，调整了农业生产结构，促进了农业和林果业的双丰收。在守努提一村所收集的 52 份问卷中，可以看出：52 户村民在 2006 年共种植了 985 亩地，其中自家的承包地有 622 亩，另有人租种了别人的土地 109 亩，还有一些是属于开垦的荒地，其中最多的一户除自己的 40 亩地以外，还租种了别人的 60 亩地。他们在 2006 年种植棉花 702 亩、小麦 294 亩、玉米 162 亩，栽种果树 97 亩。由此可见，他们主要种植的就是棉花，其次是小麦，再就是玉米。虽然也栽种了一些果树，但相对于传统种植作物来说，还比较有限。

表 3－2 2006 年村民种地情况问卷调查分析

问卷序号	种地亩数	承包地亩数	租种地亩数	种棉花亩数	种小麦亩数	种玉米亩数	种果树亩数
1	16	16		10	7	4	1
2	20	20		15	5	5	
3	7	7		4	3		
4	11	11		5	5	3	1
5	15	15		8	6		
6	30	30		25	5	5	1
7	14	14		10	6	2	2
8	11	11		6	5	5	
9				15	10	5	1
10	10	10		5	3	4	
11	19			15	4	2	
12	15			7	8		
13				17	5	2	15

问卷序号	种地亩数	承包地亩数	租种地亩数	种棉花亩数	种小麦亩数	种玉米亩数	种果树亩数
14	30			22	8	5	
15	25			15	7	3	
16	18	18		15	3	3	
17	13	13		9	4	4	2
18	9	8		5	3	3	2
19	12	11		8	1	1	1
20	22			17	5	5	2
21	23	23		13	7	3	
22	20	20		8	11	10	
23	18	13		5	8	2	
24	25	25		23	2	2	
25	11	11		7	4	2	1
26	30	30		25	7		
27	18	14	4	7	11	10	2
28	100	40	60	70	8	8	12
29	22			13	9		
30	20	20		13	7	7	6
31	17	17		9	8	4	3
32	12	12		8	4	2	2
33	20	20		15	5	3	1
34	11			5	2	2	1
35	9	9		6	1	2	1
36	18	18		9	4	2	2
37	7	7		5	2	2	2
38	7	7		7	2	2	1

问卷序号	种地亩数	承包地亩数	租种地亩数	种棉花亩数	种小麦亩数	种玉米亩数	种果树亩数
39	12	12		6	6	4	2
40	15	15		12	5	5	3
41	23			10	13		
42	26			16	10		2
43	32			17	10	6	5
44	50	5	45	48	2		2
45	21	21		25	9	5	4
46	20	20		18	2	3	3
47	12	12		7	5		
48	19	19		12	6	4	2
49	10	10		5	5	5	4
50	16	14		6	2	2	1
51	24	24		19	5	4	4
52	20			20	9		3
合计	985	622	109	702	294	162	97

棉花　是守努提一村种植的主要农作物，且以长绒棉为主。这里的气候非常适宜棉花的生长。因此，这里也是全国最有名的长绒棉生产基地。村里人喜欢种棉花主要是为了增加家庭的经济收入。2005 年和 2006 年，由于棉花价格的升高，村民普遍增加了棉花种植面积。这里的棉花平均亩产皮棉在 150 公斤左右，好的亩产可以达到 180 公斤左右。据 1990 年测定，这里的棉花纤维平均品级为 4.37（全国 3.58），其中一级品占 77.6%（全国 2.98%），平均长度29.7 毫米（全国 27.37 毫米），29 毫米以上占 93.2%（全国 35.47%），生产上栽培的主要品种，陆地棉有克克-

1543，斯-3173、斯-1470、108 夫、岱-80、大铃棉、军棉1号和中棉所、辽棉、新陆早、新陆中等系列品种共 20 余个，长绒棉有 5476-依、8763-依、新海棉、军海 1 号和新海系列共 10 余个。

图 3-1 村民种植的高产优质长绒棉

小麦 是守努提一村种植的主要农作物之一。种植小麦主要是为了解决人们的吃粮问题，村里人主要以面食为主，人常说，手里有粮，心里不慌，所以，小麦则是每年都必须种的，至于种多种少，这要根据每家的具体情况而定。这里的小麦不仅高产，而且品质优良，蛋白质平均含量 13.05%，高于全国平均水平，湿面筋占 15%，高于内地的富强粉 3 个百分点；赖氨酸含量 0.36%，与全国平均数持平。种子品种很多，资源丰富，在生产上大面积栽培的有"新冬"系列、"新春"系列以及引进的品种，有四五十个，其中新疆小麦（稻穗麦）为新疆所特有。

玉米　是守努提一村村民种植的第二主要粮食作物，主要品种有白玉米、黄玉米、甜玉米、糯玉米。玉米既可以供人食用，也可以当做牲畜饲料，玉米秸是冬季喂羊和喂牛的好饲料。玉米的营养非常丰富，是粗粮中的保健佳品，它含有糖类、蛋白质、胡萝卜素、黄体素、玉米黄质、磷、镁、钾、锌等多种对人体健康有利的成分。

瓜果蔬菜　在守努提一村除种植粮食、棉花等农作物外，很多村民在自家的院子或地里种了一些西瓜、甜瓜、葫芦、茄子、豆角、白菜、菠菜、韭菜、皮芽子（洋葱）、大蒜、辣椒、土豆、西红柿、掐玛菇等瓜果、蔬菜。种这些瓜果蔬菜，一部分是供自己食用，多余的部分则会拿到巴扎（集市）上去卖。

二　林果业

守努提一村在库车县政府和牙哈镇政府的领导、帮助和扶持下，植树造林，使当地农村基本形成了田园化、林网化。植树造林在本地占有相当大的比例，维吾尔族非常喜欢在房前屋后、渠边路旁、田边地头栽树，只要是能浇上水的地方，都栽上了各种树木。一般在田边、路边、渠边主要栽种的是白杨树、柳树、沙枣树，因为它们都有比较好的防风防沙作用，农户一般会在自己的住房前面种上一架葡萄，这样便于在炎热的夏季给房子遮阳和乘凉，在房前屋后或菜园旁种上几株果树（核桃树、梨树、苹果树、杏树等），大力发展林果业，一定会使农民的人均收入大幅提高。守努提一村种植的林果品种主要有：葡萄、杏子、香梨、苹果、石榴、核桃、无花果、红枣等。根据牙哈镇的统一部署，要把牙哈打造成北葡萄、南枣林、西核桃的优质林果业基地。2001~2006 年，全面扩大了林果业的种植面积，其中：扩大防护林种植面积 4055 亩；扩大经济林种植面积 30743 亩，其中：核桃 13185 亩、红枣 12014 亩、香梨 1684 亩、桃子 60 亩、杏子 3100 亩、葡萄 700 亩。村上为农牧民解决了 4800 多亩地的退耕还林粮食补贴问题，认真地落实了林果业管理措施，注册了 4000 亩出口果园基地，解决了农民种植林果业后林果的收购和销售等后顾之忧，有效地增加了农民的经济收入。守努提一村在产业调整中主要栽种的是枣树，先后有 300 多亩，由于栽种比较晚，目前还没有形成规模，枣树一般要到 3 年以后才能挂果，而要形成产业大概还需要 3~5 年的时间，树苗都是在棉花地或麦子地里间种的，这样不耽误树苗的生长，还能有一定的收成。

葡萄 是新疆种植面积最大的一种园艺作物，栽培史在 2000 年以上。新疆葡萄高产质优，为全国之冠，含可溶性固形物 19%~21%，含糖量为 16~18 度，比华北地区产品高 2~3 个甜度。地方品种有上百个，优良品种有无核白、木纳格、马奶子、红提、玫瑰香等，而守努提一村所栽种的葡萄多为木纳格、马奶子和无核白。距守努提一村不远处的牙哈镇阿合布亚村更是形成了葡萄生产基地，面向全国各地销售木纳格葡萄，他们还专门成立了农民葡萄协会，以协调葡萄的生产、管理、收购、保管、贮存、运输、销售中的一些具体事宜。守努提一村虽没有形成大规模的葡萄生产基地，但有些村民把他们的葡萄也交由阿合布亚葡萄协会统一收购和销售。

杏子 库车白杏和甜杏的栽培时间有上千年的历史，

图 3 - 2　村民房屋前面棚架上生长的葡萄

杏树的栽培面积仅次于葡萄。库车小白杏全国闻名，它的杏仁出肉率高达 91%～94%，位居全国前列。小白杏皮光、果甜、肉嫩、味佳，是做杏脯、杏干、杏包仁的上好原料。杏子由于成熟时间短，熟了后除少部分鲜吃鲜卖外，大多数被农民将其晾晒加工成了杏干、杏脯等干果。

香梨　新疆特产香梨主要在库尔勒、阿克苏一带种植。它是西洋梨与中国白梨的杂交品种。因其早期在库尔勒一带培育发展，故又称库尔勒香梨。香梨果大、皮薄、肉嫩、滑润、汁多、味美、甜脆、无渣。富含蛋白质、脂肪、钙、磷、铁及多种糖类和维生素 B1、B2、C 等营养物质，在医药上有润肺、凉心、生津止渴、止咳化痰、清热解毒等功效。守努提一村成片种植香梨的不多，大都是在房前屋后有那么几株，不像库尔勒那样都是大面积种植。

苹果 是新疆的主要果品，因上市晚、较耐藏、外观美、味道好，是冬季和早春的优良水果。新疆阿克苏的苹果是最有名的，它个大、肉细、汁多、味甜、香浓，含糖量一般在 15～17 度，并含有多种维生素。栽培最多的品种是红富士、青香蕉、黄元帅、国光。守努提一村的苹果种植尚未形成规模。

石榴 张骞出使西域时从中东引进，有 2000 多年的栽培历史。主要产地在叶城、疏附、莎车、皮山、和田等地，守努提一村也有种植，但产量比较少，都是在自家院子有那么几棵树。牙哈镇政府后面有一个百亩石榴园，非常美，有甜石榴，也有酸石榴。

图 3 - 3　村民种植的百亩石榴园，红红的石榴挂满枝头

核桃 新疆古老的果树品种。原只在农民宅院内外零星种植。新疆核桃高产质优，市面上的价格也在一路上涨，

现在每公斤核桃的价格都在 30 元以上，所以现在各地都在发展核桃产业。主要有穗状核桃、纸皮核桃、薄皮核桃等不同品种。这些基本上都是由野生核桃引种驯化而成，果壳较薄，平均粒重约 15 克，出仁率 52% ~ 62%，果仁丰满，含油率 72% ~ 76%，坚果各项指标均达国家优级标准。守努提一村在农业产业化调整中，也把核桃当做主要果品大量种植。

无花果 新疆的无花果品质优良、营养丰富。鲜果含糖量 14 ~ 17 度，高的达 19.3 度，蛋白质含量 4.3%，矿物质含量 2.4%；还含有胡萝卜素和维生素 A、C 及氨基酸、钙、铁等成分。有滋补、润肠、开胃、催奶、清热、消炎、止痢、止咳、止喘、降低胆固醇等功效。守努提一村的人喜欢把无花果像花一样种在院内的大花盆里，以美化环境。

红枣 又称大枣，具有独特的品质和药用价值。红枣含有丰富的糖类物质和蛋白质，还富含锌、硼等 18 种人体所需的氨基酸以及具有药用价值的月桂酸、豆蔻酸、油酸、亚油酸、花生酸。大枣有补血、补气、健脑、护肝等功效，民间有"一日食三枣，百岁不显老"的说法。红枣不但是美味果品，还是滋补良药，有强筋壮骨，补血行气、滋颐润颜之功效。守努提一村在牙哈镇政府的倡导下，大面积种植红枣，但目前尚未形成规模。

三 畜牧业

大力发展畜牧业，以增加农民的收入，这也是农村产业调整的一部分。其主要目的是让农民不要单打一，要勤劳致富，要搞多种经营，并通过多种渠道增加收入。自 2001 年以来，牙哈镇政府拨出专项资金，并从世界银行贷款 200 万元专门用于发展当地的畜牧业。培植发展了畜牧业养殖育肥大户 36 户,新建畜牧业市场棚架 2000 平方米,标准圈棚 38×150 平方米,并拨出专款用于修建畜牧业防疫站办公室及配套设施,加强了对牲畜疫病的防治,以图起到引领的作用。完成年出栏牲畜 7.6 万头(只、匹),产肉从 2001 年的 1651 吨增加到了 2006 年的 3174 吨,产绒从 2001 年的 3 吨增加到 2006 年的 7.51 吨,产蛋从 2001 年的 562 吨增加到 2006 年的 900.5 吨。修建饲料青贮窖 2441 个,充分利用玉米秆青贮饲料 78800 吨。5 年中品种改良的牛达到 15376 头,其他小牲畜 113577 只。为了改良山羊品种,还引进了 148 只高绒公山羊,完成了新建肉羊示范点任务。为预防禽流感、口蹄疫等流行性疾病,完成年疫病防治 1337 万头(只、匹),孵化鸡苗 70 万羽(用孵化器)。通过扶持奶牛养殖,牙哈镇为县乳制品生产基地建设提供了充足的奶源,2006 年全年供奶量达 3601 吨,仅这一项就使牙哈的人均收入增加了 759 元。守努提一村在牙哈镇的统一协调的扶持下,养殖的畜禽品种主要是羊、牛、马、驴、兔、鸡、鸭、鹅、鸽等,并发展了一些养殖专业户,有效地增加了村民的经济收入。表 3-3 是从 2001 年以来,村民畜牧养殖情况统计。

表 3-3 守努提一村 2001～2006 年畜牧养殖情况

单位:头、只、匹

年份	总数	年底存栏数					全年出售数				
		绵羊	山羊	牛	马	驴	绵羊	山羊	牛	马	驴
2001	2864	1306	1015	320	45	178	1310	563	686	20	41
2005	5791	3018	1820	800	45	235	1176	1781	761	85	380
2006	5783	3095	1720	800	45	230	1691	1091	750	75	350

　　根据52份问卷调查表的统计分析看，2006年，羊的年底存栏数是836只，其中最多的一户有250只，牛的年底存栏数是114头，马只有14匹，驴有44头，家禽的年底存栏数是490只，羊和家禽自食的比较多，牛马驴主要是出售和家养。

表3－4　2006年畜禽养殖问卷分析

单位：头、只、匹

统计项目	羊	牛	马	驴	家禽
2006年底的牲畜存栏数	836	114	14	44	490
2006年底的牲畜出栏数	78	27	2		79
2006年全年自食牲畜数	114				61

　　羊　是当地村民主要养殖的一种牲畜品种。它既是村民的主要肉食品之一，又是增加收入很重要的一部分。羊的品种主要有绵羊、山羊、羔羊、细毛羊、蒙古羊、大尾羊等。库车一带的羔皮羊非常有名，其羔皮毛卷似环形或半环形，光洁柔软。过去曾被列为贡品，现为库车重要的出口商品之一。绵羊的经济效益比较高，绵羊每年都要剪羊毛，绵羊毛是非常好的纺织原料，羊毛可以织毛衣、织地毯，还可以做毛毡。山羊绒号称是软黄金，其价值很高，山羊绒主要是做羊绒衫，其保暖性能非常好。羊皮可以卖钱，可以做皮衣、皮包。羊肉非常鲜美，烤、炒、煮、炖皆可，温热滋补，属美味佳肴。可以做烤羊肉串、烤羊排、烤全羊、手抓肉、抓饭、包子等，是维吾尔族必不可少的肉食之一。

　　牛　有黄牛、奶牛，黄牛过去是农民种田干活的主要家畜，过去耕地主要是二牛抬杠拉犁种地，现在土地耕种

图 3-4　村民家里用科学技术养羊，一窝可产三羔

主要是用小四轮拖拉机完成，所以，用牛干活的少了。现在养牛一是为了积肥，牛粪是非常好的农家肥；二是将其养大出售，可以获取一定的经济收益，现在一头牛可以卖一万多元，好的种牛或者奶牛则更贵，有的可以卖到几万甚至十几万。养奶牛主要是以产奶量大的大白花奶牛为主，所产鲜奶专门有人收，这是村民经济收入的一部分。

　　毛驴　主要是为了拉车赶集、拉东西方便而喂养的。驴体形不大，性情温顺，耐干、耐热、耐疲劳，适应性很强。在维吾尔族群众中有句话是"吃肉靠羊，出门靠驴"。驴既能负重，又能拉车，并且还好养，南疆农民几乎每家都有一头或两头驴，用来拉车赶集种庄稼。但随着摩托车和拖拉机的普及，用毛驴车赶集和拉东西的人在不断减少。

图3-5　村民普遍使用的交通工具和运输工具——毛驴车

前面说的主要是几种大牲畜，另外，还有一些养鸡、养鸭、养鸽子、养兔子的人。现在不管养什么，主要是为了通过喂养牲畜家禽，提高家庭里的经济收入，过好自己的生活。这些都是农民增加收入的重要途径。

四　农民技术培训

为了适应农业市场化、产业化快速发展和农业、农村经济结构调整的需要，为了提高辖区内农牧民的技术水平，县乡两级政府想了不少办法，举办了多种培训班，并要求乡村干部要积极组织农牧民参加各级各单位举办的技术培训班。从牙哈镇的统计数字看，全镇在2004~2006年3年中共对农牧民进行了104728人/次的培训，经过考核、申报、批准，现在已经有481名农业技术人员取得了相应的专业技术证书。农牧民通过培训，增加了种植养殖的技能和知识，提高了科学种田的技术和水平。对农牧民的培训主要是在冬季闲暇时间进行的，因为农闲时间进行培训可以不耽误农时农活。农民们对科技培训也是非常热情的，基本上都能积极参加，当然这也和他们的知识水平有一定的关系。守努提一村5个村民小组中，先后有238人次参加了县上和镇上举办的培训班，参加培训班学习回来之后，在村里一般都能起到带头和示范作用。培训的项目主要有：农机站举办的农机使用与维护培训班；农技推广站举办的科学种棉花、种玉米、种新品种的学习班；兽医站举办的牲畜疫病防治知识学习班；林管站举办的林果栽培、嫁接与管理和病虫害预防学习培训班，等等。还有一些是县、镇安排的让技术人员到村里给村民讲解和回答在生产中遇到的技术问题。在回答调查问卷时，在52份问卷中有31人回答参加过农村的技术培训，占59.6%，其中参加最多的是农业技术培训。

五　农业机械

我国社会主义建设的目标是实现工业、农业、国防、科技四个现代化。1964年在第三届全国人民代表大会上周恩来在政府工作报告中第一次提出了要把我国建设成为一个具有现代农业、现代工业、现代国防、现代科学技术的社会主义强国。农业现代化就是要运用先进适用的农业机械装备农业，改善农业生产经营条件，不断提高农业的生产技术水平，并不断提高农业的经济效益和生态效益。在农业生产过程中，最大限度地使用各种机械代替手工工具进行生产，是农业现代化的基本内容之一，如在种植业中，广泛使用拖拉机、播种机、收割机、动力排灌机、机动车辆等进行土地翻耕、播种、收割、灌溉、运输和田间管理等作业，使全部生产过程主要依靠机械动力和电力，而不是靠人力、畜力来完成。实现农业机械化，可以节省劳动力，减轻劳动强度，提高农业劳动生产率，增强克服自然灾害的能力。

农业机械是实现农业机械化的重要组成部分，现代工业的飞速发展，有力地促进了农业机械化的进程，大大地减轻了农民的劳动力和劳动强度，有效地提高了农业的产量，增加了农民的收入，所以，农民对农业机械化的依赖程度越来越高。牙哈镇在2001~2006年的6年中，新购农机429台（辆），修理农机1286台（辆），有合格证的农机855台，播种棉花142143亩，小麦15万亩，玉米11.9万亩。并且还引进了8台大型农机及其配套农具，对农机人员进行了专门的技术培训，有效地提高了农村农机操作人员的素质，保证了大型农机具的安全操作和正确使用。守努提一村有小四轮拖拉机35台，有大拖拉机5台，另外，还有收割机、播种机、耙地机、覆膜机等农业机械。并且村里有大型农机的人家都参加了镇上的农机协会。守努提一村的耕地基本上都是比较平整的连片的大快条田，种植也都实行条块种植、地膜覆盖等技术。所以农业机械改变了农民的许多旧观念，提高了农民对科学种田的认识。

六 加大设施农业投入力度，促进科学技术发展

设施农业是一种高投入、高产出的农业产业，它也是资金、技术、劳动力密集型的产业。它是利用人工建造的设施（主要是温室大棚），使传统农业逐步摆脱自然束缚，走向现代工厂化农业、环境安全型农业生产、无毒农业的必由之路，同时，也是农产品打破传统农业的季节性，实

现农产品的反季节上市，进一步满足多元化、多层次消费需求的有效方法。设施农业是个新的生产技术体系，它的核心设施就是环境安全型温室、环境安全型畜禽舍、环境安全型菇房。它采用必要的设施设备，同时选择适宜的品种和相应的栽培技术。设施农业从种类上分，主要包括设施园艺和设施养殖两大部分。牙哈镇自2001年以来，采取各项优惠政策，用750亩地修建了163座蔬菜大棚，对农牧民进行了专门的培训，推广了种植、管理、移苗技术，增强了信息服务渠道，大大提高了农牧民的大棚管理效益。设施化农业一棚一户收入最低也有6000元，取得了良好的经济效益。我们在调研时，守努提一村尚没有人搞蔬菜大棚，但有人去参加了设施农业方面的培训，有人准备搞蘑菇种植。

七　劳动力转移

库车县农村人口在30万以上，人多地少矛盾突出。自2003年以来，每年转移农村富余劳动力在2万人以上，但这些劳动力大都从事简单的体力劳动，虽然很辛苦，但却挣钱不多。近年来，随着新型工业化建设步伐的加快，一大批石油化工、食品加工企业相继落户库车，给农村富余劳动力转移提供了广阔空间。库车县围绕工业强县的发展思路，依托丰富的石油、天然气、煤炭资源，吸引了很多大集团、大企业落户库车。仅青松水泥、华锦大化、新石化、塔化等企业就吸纳了近5000名农村富余劳动力进厂"领工资"。同时，为使农村富余劳动力在进入企业务工前掌握一技之长，提高在务工中的技能，县委、政府明确提出劳务输出要面向工业，要由过去的体力型向技能型转变。教育部门投资上千万元兴建了能容纳2000名学员的库车中

等职业技术学校，通过培训提高农民在技术岗位的就业机
会，重点是为石油化工、服务行业培养技术工人和初级管
理人员。大力开展农村富余劳动力转移培训工作，重点培
训电焊、电工、农机维修、烹饪、建筑等实用技术，使农
村富余劳动力至少掌握 1～2 门实用技术，并给他们颁发了
"技术职称"，为农村富余劳动力顺利进厂务工打下了坚实
的基础。守努提一村人外出打工的比较少，在 53 份问卷中，
只有 7 人外出打过工，有 38 人回答没有打过工。当然填写
问卷的也主要是一些在村里的人。村民中外出打工挣钱的
途径：一是泥瓦匠到外村、外地帮别人建抗震安居房，搞
房子的装饰装修。二是到库车县的一些企业或石油基地的
工地上打工。三是到库车周边县城或阿克苏市及乌鲁木齐
市等地打工。外出打工的多是一些年轻人，虽然现在外出
打工的人还不是很多，但以后会越来越多，外出打工比在
村里种地收入要高。

第三节　农业生产

农业生产是指在农业用地或者农作物生产设施中经营
种植业、林业、畜牧业、渔业的生产活动。守努提一村的
村民从事的农业生产活动主要是以种植业为主，林果业、
养殖业为辅的一种农业生产活动。

一　生产状况

守努提一村的农业生产主要是种棉花、种小麦、种玉
米，另外，村民们还搞一些其他的副业生产，比如搞上几
亩果园，发展林果业，或者养上几头牛羊，发展养殖业，

或者搞上几台机械，利用机械为没有机械的人提供服务，发展服务业等。2007年9月20日，调研组的王磊和村民哈斯木·尼亚孜（村里的种田能手）就农业生产进行了座谈。哈斯木说，他家里现有6口人，承包了30亩地，另有60亩地是才开出来的生荒地。这些生荒地是2006年开出来的，2007年刚开始种棉花，现在还在土壤改良的过程中。自己的承包地有30亩，这30亩是熟地，主要种的是棉花、小麦、玉米。2006年种了10亩小麦，亩产400公斤，卖了一半，还有一半是家里自己用，并且可以随时拿到面粉厂换面粉。新开的60亩地全部种的是棉花，2006年的总收入有5万元左右，纯收入能达3万元左右。另有5亩果园，有150棵杏子树，杏子收入大概在2000元左右。他家里有一台推土机，一是自己用，二是给别人干活挣钱。2006年仅用推土机给别人干活就挣了3万多元，除去费用之外还有2万元的纯收入。他还养了60只山羊，每只按100~180元拿到市场出售，能有1万多元的收入。

二 生产方式

现在种棉花、种小麦都用的是新品种，在生产中用的都是新技术。主要表现在以下几个方面：一是选种优良品种；二是用机械播种覆膜；三是按标准施肥，并防治病虫害；四是按科学种田的要求把地种好。就拿棉花来说，把棉花种到地里之后，必须要定期、按时、按要求进行田间管理：一是在棉花苗出来之后要进行间苗，因为种棉花时为了保证出苗率，一窝里面一般都有三至五个种子。所谓间苗，就是要把壮苗、好苗留下，把瘦苗、弱苗、不好的苗拔掉。还有如果哪个地方的苗出得不好、不全、不齐时，还要进行补苗，缺苗严重的还要进行补种。二是要定株，所谓定株，就是要按一定的尺寸，把每株之间的距离定好，因为不进行定株，将来棉苗长大之后就会因为通风和光照不够而降低棉花产量。三是要按时管理。所谓按时管理，就是要按时进行浇水、施肥、除草、打药等田间管理工作，以增加棉花的产量。四是要打顶掐尖，打顶是指为了控制棉花疯长，将长得过猛、过高的棉株的顶部嫩芽掐掉，这样可以增加棉株的坐桃率。掐尖是指将棉株上开花结桃枝条上的没有用的嫩芽、枝杈掰掉，减少营养分流和浪费，以增加枝条上所结棉桃的营养成分。在农业生产中，"土、肥、水、种、密、保、管、工"的八字方针，样样都要注意，一样都不能少，如果哪一样没有做好，都会影响棉花的产量，减少收入。种棉花要管理，种小麦、种玉米、种其他农作物也一样要搞好田间管理工作。如种瓜的田间管理工作比种棉花还细，不但要管，而且要在瓜长到一定程度时还必须安排人专门进行看护，以防被偷或被动物祸害。

三　四季安排

天道有常，四时有序，寒极而暑往，冬尽而春来。一年有四季，分春夏秋冬，农业生产要按四季轮回巧妙安排，不误农时，这样才能取得好的收成。在内地特别是在南方，一年四季都可以种庄稼，但在新疆则不一样，新疆的冬季和夏季比较长，而春季和秋季则比较短，南疆地区 11 月开始变冷，一直到第二年的 3、4 月份才开始变暖，所以冬季有 6 个月的时间，而 6～9 月则是天气比较热的夏季，春季和秋季比较短，都只有一个月左右的时间。在守努提一村，村民对四季农时的安排：

　　1～3月：白地加工，购买化肥，撒肥料，主要是用农家肥作底肥，然后再放水进行春灌（主要是给冬小麦），化冻以后就要犁地、耙地、打埂、起垄，为棉花播种作准备。

　　4～6月：4月10日左右开始播种棉花，20日左右棉花播种结束，都是机械化播种，几十亩地很快就种好了。5月份主要是对棉花进行田间管理，要给棉花间苗、定株、补苗、浇水，还要给种植的核桃、大枣等果树挖坑施肥。6月份主要是收麦子、种玉米、铺地膜，6月20日左右玉米就种完了，一周左右玉米苗就出来了。

　　7～9月：7月主要是棉田管理、玉米定株，要追施化肥，要给棉花、玉米浇水、喷洒农药防病虫害。8月主要是施肥、管理、除草、浇水。9月锄草，最后浇水，开始拣棉花。

　　10～12月：10月，拣棉花，洒药催花开，收玉米，种小麦，青贮饲料。有的要把玉米秆储存起来以便冬季喂羊喂牛。11月，麦子种完后在入冬前要进行冬灌。12月，为了不让麦苗冻坏，要给麦苗撒上土或者撒农家肥，以保护麦子的根，不让冻坏，麦地里不准放羊，要保护小麦的根苗不让牲畜吃掉。

四　村民一天的时间安排

　　哈斯木·尼亚孜是一个非常勤劳的农民，它是一个种田能手，还是农村科技致富示范户。我们在和他座谈时问道：你的一天都是怎么安排的？他说：一年之计在于春，一日之计在于晨。每天从早晨开始，起床时间根据季节不同而不一样，冬季起来晚一些，夏季起来早一些。一般早晨起来之后就开始下地干活，基本忙个不停，干两个小时之后回家吃早饭。吃饭用一个小时左右的时间，附带干些家务活，如喂牲口、给牲口垫圈、给家里的葡萄和其他果树浇水等。吃完早饭后到吃午饭中间有4个小时基本上都是在地里干活。下午5点钟左右吃下午饭，有时7～8点钟才吃下午饭。这是大概时间，并不完全准确，我们一般都会根据自己的实际情况调整时间，有时不能按时吃饭，还要带饭就在地里吃。

现在粮食问题基本解决了，不存在吃不饱饭的问题，自家种的粮食自家吃，吃不完的就出售给粮食局的粮站，有时也拿一些到集市上去卖。现在卖一公斤小麦给一块七毛钱，另外，每公斤给补贴两毛钱。小麦一级是一块七毛钱，二级三级要低一些。国家对农民都是实行保护价收购，所以现在种粮不吃亏。

现在种田的机械化程度都比较高，原来种地是撒种子，现在是科学种田，都是机械化，一般用的机械有播种机，棉花、小麦、玉米都用播种机种，这样株距、行距比较容易控制。再就是拖拉机，这是所有农业生产方面都能用得着的机械。我们村里基本上都有小四轮拖拉机，播种机等大型机械主要由农机站负责维修，发给合格证后才能让其给大家在播种时使用，害怕万一出什么问题，耽误农时。现在每个村民都知道科学技术是第一生产力，都知道科学种田的意义。因为，不科学种田是要吃亏的，所以，现在村里人基本上都是按科学方法种田。

第四节　其他产业

守努提一村还有一些其他产业是村民增加收入的重要途径，并且也是一些传统文化的传承项目，如民族服饰的制作、民族小刀的制作与经营、民族食品的加工与交易、农贸市场（巴扎）的热闹与火爆等。

一 手工艺术品的制作与经营

库车绿洲文化历史悠久，形成了一些传统手工艺术，如制作民族服饰、制作维吾尔族小花帽、小刀子，还有一些铁匠制作维吾尔族比较喜欢的铁艺作品等。守努提一村有几户手工艺人，他们能制作一些民族用品和食品，可以拿到巴扎上去与他人交易，以增加家庭收入。主要有做鞋的、做刀子的、做毡子的、做帽子的、做衣服的、开饭馆的、做生意的。做衣服的有 2 个，每年每人可以挣 1 万~2 万元。生意做得比较成功的有 2 个人，都是代销农产品，主要是把村子里生产的棉花、葡萄、杏子、羊皮、羊、牛等收购起来销往外地。村子里有专业技术的人有 10 个，主要是泥瓦匠、木匠、铁匠、电焊工、修理工等。村里还有人跑运输，开饭馆的，有的已经脱离农业生产，有的是在农闲时间做生意。

我们在调研时，专门和村上的裁缝吐尼沙古丽·尼亚孜进行了座谈。她说，她 22 岁，小学文化程度，离异，她家种了 14 亩地，与父母住在一起，自己有一个女儿，已经 3 岁，她是在怀孕 6 个月的时候离婚的，老公不想要孩子，自己想要，离婚的主要原因是老公对她不好，经常用皮带打她，于是就回了娘家，在娘家待了 3 个月，后来她向法院起诉要求离婚，法院根据双方的实际情况作了判决。当时孩子还未出生，法院说孩子生下来是活的，再起诉要抚养费，后来她也未向男方要抚养费，她担心男方把孩子要走。她在家里三姐妹中是老大，家里父母对她很好。她说，村里有好几个裁缝，其中有几个还比较有名。村里的裁缝主要是给村里人做衣服，其他村里的人也有来做衣服的。她可以做老中青各种款式的衣服，一年收入一万元以上。她说，有很多村民都愿意穿我们做的衣服，因为做的衣服比较合身，买的衣服有的样子好看，但不一定合身，再者民族服饰的衣服商店很少有卖的，做起来也划算。所以，有些人专门去县城或者镇的巴扎上把布买回来做衣服，这能占到60%左右，去城里买衣服的人也有，约占40%左右，主要是一些年轻人。给男的一般是做衬衣、裤子，外衣一般都是去买现成的。给女的主要是做裙子，其他衣服也做。村里15~18岁的女孩一般都在县城或镇上买时尚的，18岁以后就不太穿那些买的衣服了，20岁以上的女性都喜欢穿传统的民族服装。时尚的也穿，但由于太紧、太露，所以穿的就少了。婚礼时一般都是穿传统服饰，过

图3-6　村里的裁缝在缝制维吾尔民族服饰

年、过节的时候穿比较时尚一些的。走亲戚一般穿传统服饰。男性主要是在过年过节时穿传统服装，平时则穿得不太讲究。

二　集贸市场，即巴扎经济

南疆维吾尔族把赶集叫做赶巴扎，一般都是农民把自己生产的各种农副产品或者手工艺品拿到巴扎上，与他人进行交换，并从马扎上购买自己生产生活所需的各种物品。多年来，牙哈镇农民收入主要来自土地，和南疆其他棉花产区一样，面临传统种、养产业增长乏力、效益递减的现实问题，急需开辟新的增收门路。2006年，牙哈镇党委和政府集思广益，筹措资金，把目光投向以巴扎为载体的农村流通产业。在以往尘土飞扬、简陋不堪的传统"巴扎"上，新建了占地1.2万平方米新农贸市场，依托新老

图3-7　为搞活集贸经济而建的大型农贸市场

314 国道交界处交通便利的条件建起了新的活畜交易市场，有效地带动了当地养殖业的发展。活畜市场在 100 个交易摊位以外还配套了可容纳养殖户圈养活畜的养殖小区和临时棚圈，为养殖户长期经营提供了方便。守努提一村有 2 户村民已在镇上的养殖小区安了家，以专门销售和交易养殖户的所养殖的牛和羊，为农民增加了不小的收入。

第四章　社会发展

第一节　基层组织建设

　　守努提一村位于牙哈镇东南方，距镇政府所在地 6 公里，全村在 2006 年时共有 279 户 1304 人，有劳动力 435人。守努提一村 5 个村民小组共有耕地面积 3436 亩。全村有共产党员 29 名，共青团员 58 名。2000 年 12 月，守努提一村被命名为县级安全文明小区。2005 年被评为县级文明村。近几年来，守努提一村两委班子在上级党委、政府的领导下，高举邓小平理论伟大旗帜，在科学发展观理论指引下，认真贯彻党的路线、方针、政策，以创建地区级文明村为努力方向，解放思想，开拓创新，不断探索，团结带领全村党员、干部和群众努力壮大村级经济，积极开展新农村建设，各项事业全面发展。村经济总收入在 2005 年达到了 432.5 万元，村民人均收入 3374 元，村集体积累9.3 万元。2006 年，村经济总收入 568.8 万元，按 1304 人计算，村民人均收入 4362 元。有效地提高了村民的物质文化生活水平。

一　以党的组织建设为中心，带领群众奔小康

村党支部是农村党的最基层组织，最贴近群众，是农村各项工作的领导核心。为使党支部真正发挥"三个文明建设"的桥头堡作用和带领群众奔小康、走共同富裕道路的示范作用，守努提一村党支部着重抓了以下几个方面的建设。

1. 充分发挥党支部战斗堡垒作用

所谓党组织的战斗堡垒作用，主要是指党组织整体的精神风貌、团结状况和带领群众完成任务、解决问题的能力及效果。守努提一村29名共产党员在村党支部的领导下，牢记党的宗旨，坚持密切联系群众，与群众同甘共苦，以良好的精神状态，饱满的政治热情和高昂的战斗意志，带领群众艰苦创业，在艰苦的自然环境下，既要努力维护社会稳定，又要不断增加村民的经济收入，提高村民的物质文化生活水平，努力建设社会主义新农村。这充分体现了该村党支部是有战斗力和凝聚力的农村基层组织，同时，这也是争创地区级文明村的主要组织保证。

2. 充分发挥党员先锋模范作用

党员是党组织的细胞，村党支部要在群众中有威信、有号召力，靠的是每个党员的努力。为了提高党支部成员及全体党员的综合素质，守努提一村专门制定了《"三会一课"工作学习制度》、《党员教育和培训制度》。坚持每周组织支部成员、每半个月组织全体党员集中进行一次理论学习。同时，结合当前政治、经济、社会发展的实际，采取聘请党校老师、镇干部授课指导的形式，学习市场经济管理、农业技术等方面的专业知识。从支部书记到支部成员，

带头报名参加党校学习，并获取了中专毕业证书。为了调动大家的学习积极性，党支部还专门设立了"党员学习园地"专栏，组织党员进行学习交流，并举办了由全村党员共同参加的"党的知识竞赛活动"。通过这些形式在守努提一村广大党员中营造出了良好的学习氛围，并使全体支部成员和全体党员干部的政治理论水平和工作能力有了很大提高。同时，为了充分发挥党支部的战斗堡垒作用，增强党支部的战斗力和凝聚力，守努提一村党支部还把加强领导班子作为头等大事来抓，建立了定期谈心制度。通过学习，政治思想觉悟不断提高，得到了村民的积极拥护，发挥了党组织的先锋模范作用，党支部的核心地位得以牢固树立，党支部的战斗力、凝聚力进一步得到加强和提高。

3. 积极发挥村里的各种组织作用

守努提一村党支部、村委会一班人团结合作，分工明确，各司其职，非常注重发挥"共青团"、"妇代会"、"民兵连"等组织的作用。守努提一村现有党员 29 名，为了充分发挥这支党员队伍的先锋模范作用，该村除抓党员的学习教育外，还采取给机会、压担子的办法，结合每个党员的特点，给无职党员设岗定责，设立了村财务监督、计划生育监督等多种义务岗位，给每个党员创造了发挥自己先锋模范作用的机会。同时，积极开展联系户活动，给每个党员确定了联系对象，要求党员定期上门走访，每月向支部进行一次汇报。结合党员"十带头"活动的开展，村党支部还在全体党员中开展了"一个党员一面旗，模范作用在农村，争做先锋模范党员"的活动，并将全村 29 名党员划分成几个党小组，在小组与小组、党员与党员中开展争先创优竞赛。通过党组织联系这些群众组织，使党员真正成为党支部联系群众的桥梁和纽带。

4. 注重民主法制建设

在村里建立了"民主选举、民主决策、民主管理、民主监督"制度。建立健全了村务公开制度，将村内各项村务向村民公开，听取群众意见，接受村民监督。党员、干部工作务实创新，在群众中有较强的号召力和凝聚力，他们在群众中树立了良好的形象。

二　以新农村建设为重点

在加快全村经济发展的同时，守努提一村党支部以"推进农村城市化，大力促进技术现代化"的新农村良好形象为目标，集中财力、物力狠抓了本村的环境建设，把优化居住环境，提高生活质量，建设社会主义新农村，创建地区级文明村为任期目标。为了改变农村脏、乱、差的环境面貌，守努提一村近几年来，利用村里的富余劳动力拉石料铺路，使本村由过去一个破旧落后的乡村，变成了一个现代文明的新农村。实现了几代农民盼望已久的"砖木大房、汽车电话、走路无泥巴、农村新气象"的梦想。为了维护好村里的环境卫生，村里专门成立了 5 个人的专业保洁队，每周定时清扫卫生。此举受到了村民的一致欢迎，并以此使守努提一村跨入了牙哈镇环境卫生建设示范村的先进行列。良好的村容环境不仅提高了村民的生活质量，同时，还促进了本村经济的繁荣发展。通过大力开展环境整治工作，争取把守努提一村建成路平、草绿、树成荫的社会主义新农村。

三 以"三个文明"为指导，协调发展农村各项事业

守努提一村两委班子坚持把加强精神文明建设，作为提高村民素质、提高文明程度、推进农村现代化的一个重要工作任务，下大力气抓好，并取得了较好的效果。作为牙哈镇的县级文明村，守努提一村党支部始终坚持"两手抓、两手都要硬"的方针，在全力搞好物质文明建设的同时，也不放松抓精神文明建设，不放松抓村民的政治思想道德教育。

为了搞好村民的政治思想教育，提高村民的思想道德水准。村里专门从镇上聘请了一位政治素质较高的退休干部主抓村民的思想道德教育工作，在 2007 年上半年牙哈镇举办的"公民道德教育知识竞赛"中荣获第二名。为了开辟思想教育阵地，村里建起了板报栏，主要宣传"八荣八耻"、"计划生育"、"法律知识"等内容。同时，针对计划生育、公民道德实施纲要和各种法律法规等宣传内容，印制成"宣传单"送到每家每户。还利用村里的文艺宣传队将有关内容编排成群众喜闻乐见的文艺节目，向群众进行宣传教育。结合《公民道德实施纲要》、《八荣八耻》等宣传工作的落实，守努提一村还在全体村民中开展了"十星级文明户"、"十个好公民"、"文化中心户"等多项评选活动，现全村"十星级文明户"已达 60% 以上。通过这些文明创建活动的开展，有效地激发了村民积极向上，争当文明户、争做文明人的热情。村里涌现出了一大批拾金不昧、尊老爱幼、尊敬公婆、邻里团结、互帮互助、主动退掉二胎指标等好的典型。村民的文明素质和道德风尚不断提高。

计划生育、交通安全、社会稳定等各个方面都走在了牙哈镇的前列。

（1）计划生育工作取得好成绩。村里建立了村计划生育办公室，广泛开展基本国策教育，提高育龄妇女人口安全意识，积极主动配合镇政府做好一年两次的查孕、查环、查病工作。全村计划生育符合率达到100%。

（2）文教卫生事业有了新的发展。村里积极普及九年义务教育，使全村适龄儿童入学率达到100%；通过县、乡、村三级共同努力，投资22万元新建了一座390平方米的文体活动中心，使村民在农闲时有了不怕刮风下雨的活动场所。村里对军烈属、复退军人、五保户、困难户和四残（盲、聋、哑、肢体残疾）人员开展优抚照顾工作。每年重要的节假日，村干部都要到军烈属、五保户、困难户和残疾户家里进行慰问，并帮助他们解决困难，使他们能够充分感受到社会主义大家庭的温暖。

（3）弘扬文明，移风易俗。创建文明家庭，反对封建迷信，反对聚众赌博，反对大操大办，反对虐待老人，提倡科学，反对邪教，遵纪守法，勤俭节约，尊敬老人，弘扬新风。进行社会主义公德和家庭美德教育，使村民逐步树立了生态保护意识，自觉养成了文明卫生、保护环境的好习惯。

（4）社会治安明显好转。守努提一村健全了治安调解组织，成立了民兵小分队和护村队，坚持晚间巡逻，护村护路，把问题尽可能地解决在萌芽状态。村里通过开展"五五普法"教育，提高了群众的法制意识，并开展了平安乡村的创建活动和社会治安综合治理活动，使社会治安秩序明显好转。

（5）活跃群众文化娱乐生活。全村95%的农户家里都接上了有线电视，村里建立了文化活动中心，内设阅览室、电视室、桌球室等，还有适合开展文体活动的室外活动场地，可进行篮球、羽毛球、拔河等室外体育活动。积极组织村民参与镇上和县里组织的各种文体活动十余次，2006年在有 28 支代表队参加的牙哈镇第 36 届农民运动会上取得了综合奖第 3 名的好成绩。

四　以健全的制度保证各项工作的正常进行

村委会对日常管理工作建立了有效的管理机制，制定了《村规民约》，并将《村规民约》贴在每家的大门上，让村民之间互相监督执行。还与村民签订了《综合治理目标管理责任书》以及村《卫生公约》，通过这些管理制度和措施的执行，基本做到了平时工作有章可循、照章办事的局面。几年来，通过积极开展创建地区级文明村活动，使村民的精神面貌和乡村的环境卫生面貌得到了较大的改善，取得了一些令人鼓舞的成绩，也使村级经济快速发展，精神文明不断加强，村民的文化素质和生活质量不断提高。守努提一村两委一班人决心团结一致，继续努力，争取把该村建设成为经济发展、社会稳定、环境优美、精神文明的新农村示范村。

第二节　文化建设

随着我国经济的发展，党和国家非常重视对农村文化活动的建设。从国家到自治区，再从县乡到村镇，开展了一系列文化下乡活动，以加强农村基层文化建设，使农民能够充分享受丰富的精神生活。

一　充分发挥图书馆、阅览室的主阵地作用

县里有图书馆，镇上有文化站，守努提一村有自己的图书阅览室，里面有各种图书 6000 余册，有一部分是自己购买的，有一部分是文化下乡活动中政府配发的。其中有村民比较喜欢的农业科技方面的图书，如林果栽培、畜牧养殖、牛羊育肥等科普书。村里还订了各种报纸，如《新疆日报》、《阿克苏报》、《经济报》、《法制报》等；还订有杂志，如《今日新疆》、《法制纵横》、《政府公报》等，一年订报纸杂志得花 1200 元左右。杂志主要是党员干部看，科技方面的杂志、书籍受到年轻人的欢迎。党员、"三老"人员、共青团员、进步青年比较喜欢科技方面的报纸、杂志、书籍。村里图书室每周开放两次，村民可以浏览、借阅各种图书和报刊。

图 4-1　科学致富的好帮手——村文化活动室的各种图书

二　通过广播电视弘扬主流文化

最近几年通过"西新工程"、"村村通工程"和"农村大喇叭覆盖工程"的建设，已经形成了从县城到乡镇，从乡镇到村组，从村组到农户的调频广播、有线广播、有线电视、无线电视和数字电视并举的农村广电覆盖网络。每个村都有调频广播和有线大喇叭，村里也有广播室，村委会有什么事情需要通知大家时，通过大喇叭一喊，村民就都知道了。

2007年9月21日，我们与村里负责文化活动室的库尔班·克热木进行了座谈。他说：村里的文化活动室主要由他负责。村上在1989年通了电视，现在村上98%的家里都有电视机（这和问卷调查的结果基本相同），老弱病残的和家庭贫穷的人家没有电视。但政府每年都帮助解决一部分人看不上电视的问题，电视机由组织上购买后在过节期间进行慰问时送给困难户。村里有个叫米吉提的退伍军人，他有个儿子有残疾，家里比较困难。2006年，村里把他的情况报上去后，政府就给他家赠送了一台彩色电视机。现在村里大多数家里都是彩电，黑白的也有但越来越少了，现在的电视一般都是27英寸、29英寸，最差也是14英寸的彩电。电视节目主要有4个台，2个汉语台、2个维语台，中央台、库车台维汉各一个，电视节目很丰富，村里人一般都比较喜欢看库车新闻、中央台新闻，挑选节目的余地不大，因为台少，换来换去，就那几个台。不管怎么样，有总比没有强。村民通过看电视知道了很多信息，极大地丰富了农村文化生活。

村民艾米杜里·拜图拉（维吾尔族，66岁）说：守努提一村是1989年开始有电视的。现在村里98%的人家都有

图 4 - 2 电视是村民了解国内外大事的主要途径

电视，可以收看到 4 个频道，其中 2 个维语频道、2 个汉语频道。电视给村民的生活带来了很大变化，特别是农业科技方面的宣传，使大家越来越重视科学技术，越来越重视教育和学习。村里还订有《新疆日报》、《阿克苏日报》、《科技报》、《法制报》、《经济报》，还有一些杂志。村民也有自己订报纸和杂志的。现在大家对文化学习都很重视。

表 4 - 1 调查问卷中村民购买大件商品统计表

物品名称	数量	占问卷总数的比例（%）
彩色电视机（台）	31	59.6
黑白电视机（台）	19	36.5
录音机（台）	13	25.0
照相机（部）	16	30.8
摩托车（辆）	35	67.3
电冰箱（台）	13	25.0
洗衣机（台）	26	50.0

三　开展了电影下乡活动

根据国家的统一安排，乡镇全面实施了 2131 工程[①]，恢复了电影放映队。为了能让农牧民看好电影、看新电影，县上每年都要购买很多新的电影拷贝，无偿提供给农村电影放映队在各村免费放映，以满足农牧民看电影的愿望，并能够起到弘扬主流文化的作用。放映电影每个月两次，有时几个村合在一起放，有时单独一个村放。但人们现在不太喜欢看电影了。当我们问"村里老百姓有没有自己花钱包场放电影"时，村民反映村里没有包场放电影的，有人家结婚或节庆时，基本上都是弹电子琴、跳舞。群众一般比较喜欢看适合农村形势的电影，还有一部分人喜欢看外国电影，如美国的、韩国的、欧洲的等。据牙哈镇文化站统计，2001～2006 年，全镇在 24 个行政村共放映电影1500 多场次。除此而外，县电视台为了更好地宣传库车，还先后摄制了电视电影《白杏花开》，风光艺术片《库车印象》、《库车风光》和电视纪录片《阿艾石窟之谜》等一批艺术性强、影响力大的优秀作品。其中《阿艾石窟之谜》还获得了全国电视金鹰奖。

四　开展了丰富多彩的农村文化体育活动

村里人除了看电视电影外，还开展了丰富多彩的文化

---

① 2131 工程，是国家广电总局、文化部等五部委于 1998 年提出的跨世纪农村电影工程和文化建设项目，即在 21 世纪，实现每一个行政村（社区）每一个月放映一场电影的目标。国家为了丰富西部地区和老少边穷地区群众的精神文化生活，解决群众看电影难的问题，还专门设立了 2131 专项基金会，以解决电影拷贝问题。现在基本采取由基金会购买电影拷贝后下发农村基层放映队，给群众免费放映。

体育活动，极大地丰富了村民的文化生活。村里开展了群众比较喜欢的斗鸡、斗狗、赛羊、叼羊、摔跤、拔河、麦西来甫等传统文体活动。县里搞了百日广场文化活动，突出宣传发展社会主义新农村建设中的新人、新事、新气象。

图4-3　村民参加牙哈镇农民运动会

村里基本上一周举办一次麦西来甫。"麦西来甫"是维吾尔语"欢乐的广场歌舞聚会"之意，是维吾尔族民间流行的一种将歌舞和民间娱乐融为一体的娱乐形式，以舞为主，配以歌唱，节奏明快，热情奔放。因其属于小型歌舞聚会，所以要向领导请示，不请示不能办，目的主要是为了加强社会治安综合治理。参加麦西来甫活动的人数不限，一般在节假日或傍晚休息时举行。麦西来甫一般分为节日、野游、婚娶、轮流举办等多种举办形式。参加麦西来甫的人们聚集在一起，吹拉弹唱、表演杂技魔术、跳舞娱乐，大家都可登场表演节目。麦西来甫是各种民间歌舞娱乐和风俗相结合的一种歌舞形式。它不仅丰富了人们的精神生活，而且具有传播艺术和道德风尚的社会作用。这种歌舞常被婚礼、节庆利用，出现在街头巷尾，庭前院中，深受群众欢迎。麦西来甫一般都有专门的民间艺人以传唱大型传统曲目《十二木卡姆》为主。内容一般分为三部分：乐曲舞蹈、娱乐游戏和惩罚行为不端者。乐曲舞蹈，开始时一人独唱，接着几个人打起手鼓，参加的男男女女成双结队，翩翩起舞，舞蹈的动作不断变化，节奏越来越快，所有的人单独旋转，直到疲乏或头晕退下，最后只剩下一两个人时达到高潮，他们便成了舞场上的佼佼者。这样，一轮结束，一曲又起，反复多次。接着开始娱乐游戏，如献茶和唱民歌就非常有趣，它是用一对盛水的小碗在全场中众手相传，每个递碗和接碗的人都要唱一首民歌或联句。如果传递动作出错或将水洒出都要被罚唱或说一则笑话。这要求参加麦西来甫的人，在众目睽睽之下比娴熟的技巧和对答如流的才华，客观上也起了繁荣民间文学的作用。有时说笑话也是娱乐形式中的一项，幽默说笑之人的诙谐语言和动作，往往能博得人们的阵阵笑声和满堂喝彩，因而也深受群众欢迎。麦西来甫中的惩罚是指在参加麦西来甫的人中推选一位办事公正无私、有威望的人担任"首领"和"法官"，作为纪律执行人。他们有权对那些不经允许而离开现场、无故迟到、破坏秩序等违反纪律者进行"审问"和"惩罚"，让其站在公众中间接受大家的质问和指责，然后由"法官"决定是否对其实行惩罚。受惩罚者，或拿出食物、水果等招待大家，或做种种令人发笑的游戏，其间充满了喜剧色彩，受罚者也同样感到高兴。通过这种娱乐形式达到维护道德规范和纪律的目的。

　　村民比较喜欢的乐器类节目还有纳格尔（鼓）、苏乃依（唢呐）、都塔尔、电子琴演奏等，这些演奏类传统文艺活动都有专门的演奏者，村里的民间艺人有5个，都是男性，有的演奏乐器，有的唱歌，艺人都有徒弟，一般都是自己儿子跟着学，也有带外人的，但比较少。政府在保护民间艺人方面也采取了一些相应的措施，乡里有什么活动安排，村里都很支持，都会派艺人积极参加，举行麦西来甫时艺人去了很受尊重，这样也提高了他们的社会地位。村里有名的麦西来甫艺人去别的地方举行麦西来甫，一般情况下别人都会给麦西来甫艺人报销车费。在村里办丧事不办麦西来甫，只有办喜事时才举办麦西来甫，都是免费的，不收费，一般情况下以不耽误农业生产为原则。村里有一位老艺人，他能唱《十二木卡姆》，一般乡里、县里有什么大型活动都邀请他去参加。

　　镇上和村上还经常组织一些农民比较喜欢的趣味运动娱乐比赛活动，如篮球、排球、拔河、斗鸡、斗羊、叼羊、斗狗等，并且还得过奖，其中拔河比赛、篮球、叼羊和斗羊比赛都得过奖。

　　我们在和村里负责文化活动室的库尔班·克热木进行座谈时，他说，村里一般在夏天组织跳舞、唱歌、斗鸡、斗狗等活动；在冬天组织叼羊比赛、篮球比赛等活动。他还说，我们每个星期都举行麦西来甫。这些活动在土地改革后就开始了，一直到现在基本上没有停过，村民非常喜欢这些活动；村民还比较喜欢木卡姆，以前木卡姆很火，现在这类活动不如以前火了。希望木卡姆艺人和传统文化形式能够得到关心和发扬，不希望没有接班人。

　　村里的民间艺人有3人，都是传统木卡姆艺人，其中一人66岁，一人58岁，一人72岁，年龄都比较大了，另有徒弟7人，都是在跟着师傅学习。过去一般每星期都有各种形式的麦西来甫活动，目前的活动情况不太好，还需要政府扶持，我们不希望这项活动失传。

第三节　教育状况

一　百年大计，教育为本

十年树木，百年树人，百年大计，教育为本。党的十六大以来，以胡锦涛为总书记的党中央确立了科学发展的战略思想，并要求优先发展教育事业。他指出："当今世界，知识越来越成为提高综合国力和国际竞争力的决定性因素，人力资源越来越成为推动经济社会发展的战略性资源"，"中国的未来发展，中华民族的伟大复兴，归根结底靠人才，人才培养的基础在教育"。他还指出，"必须坚定不移地实施科教兴国战略和人才强国战略，切实把教育摆在优先发展的战略地位"，并且要求各级党委政府"要以更大的决心、更多的财力支持教育事业，经济社会发展规划要优先安排教育发展，财政资金要优先保障教育投入，公共资源要优先满足教育和人力资源开发需要"。他在2006年还特别提出："要着力发展民族地区的社会事业，必须优先发展教育。"因为，只有优先发展教育，才能帮助民族地区农民树立彻底铲除穷根的信心。帮助少数民族地区农民增收，在政策、资金、项目上的倾斜是必要的，但最根本的还是要加快发展农村义务教育，提高农民的整体素质。要使新农村建设与发展农村教育相得益彰，要在栽上树、修好路、搞好农业吃饱肚、乡镇企业迈大步的同时，让农村孩子成为有文化的明白人。

从我们调查组 2007 年 9 月在库车县 4 个村 204 份问卷填写人的文化程度统计分析（表 4－2）可以看出，守努提一村人，还是比较注重文化教育的。守努提一村参加填写问卷的人中，高中文化和初中文化的比例均高于其他 3 个村，并且高于平均值，而文盲半文盲的比例是最低的。但从另一个角度来说，我们也发现，农村高中以上学历的人很少，而初中以下文化程度所占的比例则很大。初中和小学的加在一起占到了填写问卷总数 204 份的 83.3％，如果再把文盲和半文盲的加在一起，则占到了 91.2％。由此可见，在农村还必须要继续加大教育投入，要为农村经济的发展多培养一些高学历高素质的人才。

表 4－2　库车县四个村中村民文化程度问卷统计分析表

单位：人,%

村　名	总数	高中	初中	小学	半文盲	中专	大专以上
守努提一村	52	3	21	25	1	1	1
所占比例	100	5.8	40.4	48.1	1.9	1.9	1.9
阿合布亚村	48	2	16	22	5	1	2
所占比例	100	4.2	33.3	45.8	10.4	2.1	4.2
科科提坎村	53	2	18	28	2		3
所占比例	100	3.8	34.0	52.8	5.7		3.8
格代库勒村	51	2	17	23	7	1	1
所占比例	100	3.9	33.3	45.1	13.7	2.0	2.0
总　　计	204	9	72	98	16	5	4
所占比例	100	4.4	35.3	48.0	7.8	2.5	1.96

二 政府重视是搞好农村教育的关键

库车县最近几年来，随着油气、煤炭资源的开发利用，经济社会的发展，政府对教育的发展也给予了很高的重视。通过几年的不断投入和发展，现已基本形成了以基础教育为主，幼儿教育、中小学教育、高中教育、职业教育、高等教育、成人教育并举，结构合理、功能齐全的教育体系。说起库车县办教育，我们不妨看看几组数据就可以知道库车县对教育事业的重视程度。2004年库车县投入 2 亿元用于全县 153 所中小学的校舍改造和加固；2005 年投入 1 亿元，建设县二中高中部；2006年投入 3000 多万元，规划建设了中等职业技术学校；2007 年投入 1 亿元建成了县四中维吾尔语学校。还投入6790 万元建设了 72 所"双语"幼儿园。库车县每年用于教育的投入几乎占到县财政收入的 1/3，几年下来，该县用于教育的投入累计已达 7 亿多元。经过几年的建设和投入，各类学校办学条件有了很大改善，农村校舍全部建成砖木、砖混结构的平房和楼房，全县 153 所中小学校的基础设施条件得到了彻底改善，校舍统一粉刷成色彩醒目的颜色，农村中小学校舍成为农村最亮丽的一道风景线。

在 2006 年自治区"两基"工作验收中，库车县"两基"工作总得分 295.28 分，位居全区 1995 年以来已通过"两基"验收的 81 个县（市、区）的首位。库车县农村远程教育、"双语"幼儿园建设工程、中等职业技术教育等工作开展得如火如荼。

图4-4　牙哈镇中心小学的院子和教学楼

三　以"两基"教育为抓手搞好农村基础教育

近年来，库车县坚持把"两基"攻坚工作作为执政为民的一件大事，以办人民满意的教育为出发点，以建设教育强县为目标，全县各级各类学校办学条件大为改善，教学质量稳步提高。2005年全县有各级各类学校229所，其中城区中学5所、小学12所、农村中学15所、农村小学192所、职业中学1所、教师进修学校1所、幼儿园3所。教职工5171人，其中专职教师4701人，小学、初中、高中教师学历达标分别为99.5%、97.4%、80%，教师任职合格率93.7%，校长培训率为100%。全县有在校学生9.6万人，班级2361个，平均每班40.66人，小学入学率为99.4%，巩固率为99.2%，毕业率为98.5%，普及率为99%；初中入学率为98.1%，巩固率为98.8%，毕业率为98.5%；高中在校学生4451人，共95个班，高考本科上线率民汉分别为35.6%和64%。农牧民文化技术教学点220

个。全县 15 个乡镇场中学有 13 个乡镇场中学通过了地区的"两基"验收。

2006 年，库车县对全县的教育资源进行了有效的整合，撤销了一些不适合继续发展的小学和中学，实施了学校危房改造工程和中学核编定岗工作。经整合之后，全县的学校由 2005 年的 229 所整合为 153 所，其中完全中学 16 所、中等职业技术学校 1 所、初中 1 所、九年一贯制学校 3 所、小学 128 所、教师进修学校 1 所、幼儿园 3 所，教职工 5552 人，中小学在校学生达 7.7 万人。按照"小学就近入学、初中相对集中"的原则，积极整合教育资源，科学规划和稳妥推进中小学布局调整。针对城市化发展带来的就学压力，相应扩大了城区中小学办学规模，每个乡镇重点办好一所完全中学和一所中心小学，鼓励距乡镇中心较近的村小与乡镇中心完小合并，学生太少的村小与邻近的村联合办学，减少了村级学校数量，优化了资源配置。

2006 年在自治区"两基"教育检查验收团进行的"两基"验收中，库车县教育系统各项刚性指标达标情况分别是：小学适龄儿童入学率 99.99%，初中适龄少年入学率 100.75%，残疾儿童少年入学率 90.54%；小学生辍学率 0.05%，初中生辍学率 0.08%，15 周岁人口中初等教育完成率 90.90%，其中 17 周岁人口中初级中等教育完成率 98.96%，15 周岁人口中文盲率为 0；小学专职教师任职条件达标率 99.3%，初中专职教师任职条件达标率 99%，小学专职教师学历合格率 100%，初中专职教师学历合格率 100%，小学、初中新任职教师学历合格率 100%，小学、初中校长岗位培训合格率 100%；青壮年非文盲率 99.58%，基层单位扫盲工作达标率100%，复盲率为0；乡级农牧民文化技术学校办学面达100%，青壮年劳动力培训面达98%。经自治区"两基"验收专家的综合评定，库车县"两基"验收的21项刚性指标全部达标，其中39项非刚性指标也基本达到自治区"两基"评估验收标准，"普九"得分196.78分，扫除文盲得分98.5分，全县"两基"工作总得分295.28分，位居自1995年以来已通过"两基"验收的81个县（市、区）的第一名。

守努提一村小学在县、镇、村的不断投入和努力下，使学校的危房改造工程、校园硬化工程、围墙建设工程都得到了顺利完成，极大地改善了村小学的办学条件。村小学适龄儿童入学率达到100%，村里的初中入学率达到了100%，初中生到校率达到99%以上。学生不但要学习文化，而且要学会劳动。

图 4 – 5　拾棉花之前老师在给学生讲劳动纪律和注意事项

四 加强职能教育，培养新型农民

随着库车县油气、煤炭等资源的开发利用，30 多家大中型企业进驻了县工业园区，县里的用工需求大增，语言、技能培训以及员工本地化等问题立刻被提到了议事日程上。库车县在做好义务教育均衡发展的基础上，投资 3000 多万元建了一所融职业学历教育、各类职业技能培训、干部继续教育、农民文化技术培训、就业指导培训为一体的职业技术学校，学校占地面积 300 亩，建设面积为 38500 平方米。为在库车投资发展的各类企业培训了上万名技术工人，既解决了企业用人难题，也增加了当地农牧民的收入。守努提一村也有一些年轻人经过技术培训之后到县城的企业中当上了拿工资的工人，还有一些人则属于是农忙时干自己的农活，农闲时则在县城的企业里打工。

五 双语教学，从娃娃抓起，从农村抓起

走进库车这座石化新城，人们为她的发展而惊叹，为她的变化喝彩，各族人民群众在这里共谋发展、共求繁荣，社会到处洋溢着和谐的时代新景象。库车的繁荣发展与大力开展"双语"教育是分不开的。库车县教育局负责人说，"双语"教育为各族群众架起了互相沟通和发展的桥梁。近年来，随着社会的不断快速发展，库车各族群众学习"双语"的热情日益高涨，强烈要求把"双语"教育推广到学前教育。2007 年我们在库车调研时，有群众反映库车县的"双语"幼儿园是很难进的，需要走后门才能入园。库车县教育局根据群众受教育的需求及时作出了调整，加大了对学前普及"双语"教育的投入，并很快建起

了72所"双语"幼儿园,新招录了一批学前"双语"幼
儿教师,并提出了"双语"教育要从娃娃抓起,从农村抓
起。守努提一村小学的"双语"教育是从学前班和一年级
开始的。全县153所中小学均具备了远程教育手段,农村
中学都建立了多媒体教室,即使是边远乡村的小学,也有
计算机教室。所有乡镇中学都配备了物理、化学、生物等
科目的标准实验室,乡镇中学和中心小学都建有草坪足
球场。

图4-6 老师正在给低年级学生讲汉语拼音

通过调查问卷分析看,家长也是非常愿意让自己的孩
子学习"双语"的。调查问卷中有一道题是"你是否愿意
让自己的孩子学习其他民族语言",守努提一村村民填写这
一问题的共有51人,其中42人的回答是"愿意"。从其他
4个村的统计数字看,也大致如此(表4-3)。其中选择学

习汉语的 30 人，选择学习英语的 13 人，有的人既选择了学习汉语，也选择了学习英语。

表 4-3　你是否愿意让自己的孩子学习其他民族语言问卷统计分析

单位：人，%

村　名	问卷人数	愿意学习	所占比例	不愿意	所占比例	无所谓	所占比例
守努提一村	51	42	82.4	9	17.6		
阿合布亚村	49	48	98.0	1	2.0		
科克提坎村	51	47	92.2	4	7.8		
格代库勒村	51	45	88.2	3	5.9	3	5.9
总　计	202	182	90.1	17	8.4	3	1.5

村民对学习双语的热情也非常高，问卷中第 44 道题是"你是否愿意学习其他民族（不含外国）的语言"，填写问卷的 52 人中，有 51 人填写愿意学习，因为库车县的经济发展，也需要他们学好双语，学好双语就等于是比别人多了一个长处和一项技能，就能有更好的发展机会。他们大多数（98%）人都支持少数民族要学汉语，汉族人也要学习少数民族语言，并且愿意学好之后进一步推广应用。守努提一村人的思想并不保守，他们非常支持让自己的孩子能进民汉合校的学校学习，村上现在有十多个孩子就在县城民汉合校的学校上学，他们也非常想让自己的孩子能上"内高班"学习。内高班，即新疆内地高中班，学制 4 年，含预科 1 年。新疆内地高中班学生不分民族统一编班，使用汉语文授课。预科阶段重点补习初中的汉语文、英语和数、理、化课程，以达到初中毕业水平。其目的是使新疆少数民族学生在内地接受更好的高中教育，为新疆培养拥护中国共产党的领导，热爱祖国，热爱社会主义，维护祖国统

一，坚持民族团结，有理想、有道德、有文化、有纪律，德、智、体、美、劳全面发展，具有创新精神和实践能力的社会主义现代化建设事业的合格高中毕业生。村民们认为，那样可以让他们的孩子懂得更多的知识和学问，为以后工作就业打下良好的基础。

六 与村民访谈教育状况

为了深入了解守努提一村的教育情况，我们分别和学校老师吐尔洪·沙依木、村民库娃尼·尼亚子进行了座谈，他们给我们讲述了守努提一村的一些真实情况。

吐尔洪·沙依木，男，36 岁，维吾尔族，大专文化程度，守努提一村小学老师。他介绍了学校的基本情况：守努提一村小学规模为 3960 平方米、教学设施（教室、桌椅、图书、远程教育设施等）基本齐全，有 1 台电脑。有 9 名老师，其中 2 名男老师，7 名女老师；大专学历有 8 名，中专学历有 1 名；最大年龄是 50 岁，最小的是 25 岁。没有专业课（体育、音乐）老师，工资最高的每月 1800 元，最低的每月 1200 元，没有民办代课老师，学校主要是以维吾尔语授课，2 年前，学校开设了双语班，现有 47 名学生在双语班学习，主要是学前班和一年级，教学质量属中等。学校经费来源主要是实验田里的收入，最大的困难是学校的条件不太好，没有经费改善，学校师资力量严重缺乏。村里的孩子一般都在村里上小学，到了中学、高中都是在镇上或者县城的中学上学。小学因为距离都比较近，最远的也不超过 3 公里，所以不用住校。现在国家实行九年义务教育，农民不用交学费了，所以，现在的孩子都能上得起学。从2004年开始，村民享受政府对中小学的学杂费、书本费的减免政策，村民都希望自己的孩子上学，孩子们也比较喜欢上学。在几年前，有不让孩子上学的现象，现在没有了，也没有失学的了，现在只要是适龄儿童，都能百分之百地上学。村里现在没有幼儿园，村里百分之七八十的人希望自己的孩子能上大学，另有百分之二三十的人不希望孩子过多上学，能初中毕业就可以了。原因：一是家里经济条件不好，没有钱供孩子上学；二是找工作比较困难；三是家里劳动力不够，让孩子在家里帮忙干活。

库娃尼·尼亚子，男，39岁，维吾尔族，本村农民，在家种地。家里现有5口人，他和妻子，3个孩子。他说：村小学离我家有1公里左右，最远的孩子离学校也就是2公里。上小学没有住校的。上学前班要交270元，一年级到六年级不用交钱，现在书本费都免了。孩子上学没有困难了，学杂费、书本费、学费都免了。现在村民都愿意让孩子上学，有1%的孩子不愿意上学，但政府不允许，如果政府允许，估计他们也就不上了，有些孩子从小不喜欢上学，主要还是贪玩不懂事，大了就好了。现在村里没有不上学或辍学在家的孩子，如果有谁家的孩子不上学，老师就会上门去找，现在全面贯彻了义务教育。学前班也在村小学上，这里没有私立学校。学校现在开展了双语教学，已经实行两年了，因为学校没有汉语老师，所以高年级目前还无法开展双语教学，现在只能先在低年级开展双语教学。村民也都喜欢让孩子上双语学校，但师资力量不够没有办法。家长希望孩子上完九年义务教育后，根据家庭经济条件和孩子的自身条件看孩子能不能上高中，家长希望孩子上大学，如果孩子成绩好，能考上大学的话，家里就是借钱也会让孩子去上的。村上现在有十来个孩子在县城的汉族学校上学，为了孩子以后生存、找工作方便就让他们上汉族学校，汉族学校学出来的孩子一般都能找到比较好的工作。他说：村里现在没有大中专毕业后没找到工作的人，不过，听说上大中专要花很多钱，找工作主要看有没有真本事，有真本事的就好找工作，村民对那些没有找到工作的大中专生没有意见，现在他们都找到工作了。

第四节　医疗卫生状况

我国是一个农村人口占绝大多数的发展中国家，加强农村医疗卫生工作，提高农民健康水平，是建设社会主义新农村的重要内容，是促进农村经济发展和社会进步，构建和谐社会的重要保障。做好农村卫生工作对于医疗卫生体制改革全局意义重大。自 2002 年国务院颁布《关于进一步加强农村卫生工作的决定》以来，全国各地掀起了农村卫生改革的热潮。如何深化农村卫生体制改革，促进农村卫生事业发展，增进农村居民健康，直接关系到国民经济和社会发展战略目标的实现，关系到农村的社会稳定。如何在财力不足的情况下，深化经济不发达地区农村卫生改革，进一步提高农民健康保障水平，成为各级政府、医疗卫生机构、人民群众普遍关心的问题。

一　加强医疗投入，健全县乡村三级卫生服务网

新中国成立以来，农村卫生事业有了很大发展，农村县、乡、村三级卫生服务网、合作医疗制度和乡村卫生队

伍建设都取得显著成绩，对保障农村居民健康，促进农村经济发展和社会进步发挥了重要作用。然而，随着我国经济体制改革的不断深化和社会主义市场经济体制的逐步建立，原有的以集体经济为依托的农村医疗卫生体系失去了活力，农民的医疗保健相对于我国的经济发展严重滞后。2000年7月之后，全国城镇职工基本医疗保险制度和医药卫生体制改革工作会议召开，农村医疗卫生体制改革得以全面展开。

1. 推进农村卫生管理体制改革，加强医疗服务管理网络

乡镇卫生院和村卫生室是农村三级医疗卫生服务网的枢纽和网底，在保障农民健康方面具有不可替代的作用。库车县从合理配置卫生资源出发，一方面加强县级农村医疗卫生服务网络的"龙头"建设，另一方面结合国家实施的乡镇卫生院建设国债项目，在每个乡镇建设一所标准化卫生院，并将乡镇卫生院的人员、业务、经费全部划到县级卫生行政部门按职责管理，理顺了乡镇卫生院的管理体制。将村卫生室建设纳入当地卫生规划和新农村建设长效机制，采取村民委员会办、乡镇卫生院办、乡村联办、社会承办等多种形式，推进村卫生室标准化建设。实行乡村卫生服务一体化管理，强化乡镇卫生院对村卫生室的管理、指导、业务培训和考核。使农村三级卫生服务网络得到加强。截至2006年年底，库车县共有医疗卫生机构264所，其中，疾病预防控制中心1所、妇幼保健站1所、卫生监督所1个、县直公立医院3所、乡镇卫生院15所、私立医院7家、驻库车单位医院2家、部队医院1家、个体诊所24个、村级卫生室209所。初步形成了比较健全的医疗卫生预防保健网络，基本满足了广大群众的基本医疗服务需求。

2. 推进农村卫生人事制度改革，稳定农村医疗卫生队伍

为解决农村医疗卫生机构经费不落实、待遇无保证、队伍不稳定等问题，库车县医疗卫生系统以科学发展观为指导，从财政收入的实情出发，着眼于实现人人享有基本医疗卫生服务的目标，坚持政府主导，以县为单位管理，以乡村两级为重点，以公办为主要方式，以提供服务为核心，以农民受益为目的，加快推进农村医疗卫生的改革与发展，切实解决了农村医疗卫生机构的人员编制问题和经费拨付问题，稳定了农村医疗队伍。全县公立医疗卫生机构中共有在岗职工 1021 名，其中：大专以上学历的占 30.6%、中专学历的占 40.8%、高中及以下学历占 28.6%；取得执业医师资格的有 215 人，取得执业助理医师资格的有 59 人，取得执业护士资格的有 243 人。全县每千人拥有执业医师 1.09 名（含助理级），每千人拥有执业护士 0.54 名。全县医院编制病床 876 张，实有医疗病床 981 张，其中县级医院 472 张、卫生院 509 张，每千人拥有病床 2.18 张。全县有村医 549 名，每人每月 80 元补助均能按时发放，这项补贴在 2007 年 10 月已由 80 元/月调整提高到了 280 元/月。这有利于稳定农村医疗卫生服务队伍，增强了乡、村卫生服务机构的整体实力。库车县逐步形成了城市医疗卫生支持农村卫生的长效机制，通过实施新型农村合作医疗制度和农村医疗救助制度，基本上解决了农民有地方看病、有人看病、看得起病的问题，确保农民群众人人享有基本卫生保健服务。基本实现了小病不出村、常见病不出乡、大病不出县、突发公共卫生事件和传染病、地方病等疾病在县级能得到及时有效处置的目标。

图 4 - 7　病人在牙哈镇卫生院的药房前等候取药

二　新型合作医疗解决了农民看病难和看不起病的问题

　　库车县于 2007 年 1 月正式开始实施新型农村合作医疗制度，并全面落实了各项措施和任务。新型农村合作医疗制度，简称"新农合"，是指由政府组织、引导、支持，农民自愿参加，个人、集体和政府多方筹资，以大病统筹为主的农民医疗互助共济制度。采取个人缴费、集体扶持和政府资助的方式筹集资金。农村合作医疗是由我国农民自己创造的互助共济的医疗保障制度，在保障农民获得基本卫生服务、缓解农民因病致贫和因病返贫方面发挥了重要的作用。

1. 新型农村合作医疗，惠及广大农牧民

　　根据《库车县新型农村合作医疗制度实施办法》（库党

办发〔2007〕32 号）文件精神，个人缴纳 15 元，国家补贴40 元/人，自治区补贴 20 元/人，县财政补贴 30 元/人，参合人员人均筹资 105 元。参合农牧民在县以上、县级、乡级定点医疗机构住院补偿比例分别为 40%、55%、70%，对65 岁以上参合人员（含 65 岁）在原补偿比例上增加 5%，有计划生育两证的在原补偿比例上增加 10%，对农牧区孕产妇计划生育内在乡医疗机构分娩的予以补偿 300 元。新型合作医疗制度实施后，县合管办不断完善监督、审核、转院、转诊等制度，又根据自治区人民政府的要求和库车县的实际情况，调整和规范了定点医疗机构合作医疗运行机制，确保了广大参合农牧民群众的利益。4 家县级定点医疗机构和 13 家乡级定点医疗机构也在县合管办的监督指导下，不断完善各项措施，落实各项新农合优惠政策，使农牧民群众得到更多的实惠。截至 2007 年 8 月，库车全县的农村合作医疗基金收入 17501400 元，其中各级财政补助14001120 元（县级财政补助 7000560 元，自治区级财政补助 2333520 元，中央财政补助 4667040 元），农牧民缴费3500280 元。全县共有 233352 人参合，参合率为 82%。截至 2007 年 9 月，共补偿 28223 人次，补偿金额 5600542.46元，基金使用率为 32%。其中，门诊补偿 18205 人次，补偿金额 305313.26 元。住院补偿 10018 人次，补偿金额5295229.20 元，其中乡级补偿 6544 人次，补偿金额2053802.77 元，平均花费 497.64 元，补偿 308.35 元，补偿比为 62%；县级补偿 3151 人次，补偿金额 2691437.47 元，平均花费 2008.15 元，补偿 872.52 元，补偿比为 43%；县级以上补偿 323 人次，补偿 549988.96 元，平均花费6616.36 元，补偿 1762.26 元，补偿比为 27%。

图 4 - 8　新型农村合作医疗就诊须知宣传牌

2. 改善医疗卫生条件，提高农牧民的安全保健意识

为了加强农村医疗卫生保健体系建设，不断改善医疗保健工作条件，县、乡、村三级组织：一是广泛开展了爱国卫生运动，建立了公共场所卫生制度，制定了卫生公约，定期开展爱国卫生工作的检查评比。二是在计划免疫、妇幼保健、预防疾病、艾滋病防治中开展了防病宣传工作，并取得了好的成绩。三是结合预防非典型性肺炎、禽流感等流行性疾病，向群众以传单、播音等形式进行广泛宣传，利用星期天巴扎日发传单 5400 余张，利用广播播出疾病预防文章 200 余篇，使农牧民的健康卫生知识和疾病预防知识有了很大提高。四是在农牧民中广泛开展了合作医疗制度建设，使农牧民的参合率达到了 80% 以上，解决了农牧民看不起病的问题。五是加强了饮水卫生和食品安全宣

传，对餐饮从业人员进行了健康体检并予以办证，防止病从口入。六是加强了对传染病的预防和控制能力。自 2001 年以来，国家和自治区连续投入大量资金，努力加强疾病预防和控制工作机构的基础设施建设和实验室设备配备，使县、乡两级疾病预防控制机构工作条件得到了一定程度的改善。

三　村民对新农合的认识和态度

村民对新农合是支持的，村里的参合率也是比较高的。在回答问题的 52 份问卷中有 51 人回答参加了新农合，并且有 49 人表示对新农合是非常支持的。

表 4 - 4　村民对新型农村合作医疗的态度

单位：人,%

	总数	非常欢迎	嫌交的钱多	其他
守努提一村	52	49	2	1
所占比例	100	94.2	3.8	1.9

为了进一步了解守努提一村有关医疗卫生的真实情况，2007 年 9 月 21 日下午我们和守努提一村的村医和村民进行了座谈。

吐尔逊古丽·阿西木，女，维吾尔族，45 岁，中专文化。她说：村里有医务室，是 2000 年建好的。村里有一名村医，也就是我自己。我中专毕业，是村里培养的村医。一般的病我都可以诊断治疗，主要是妇科病；自己看不了的病就往乡里转送，村医务室可以打针、输液。村医务室有三个床位，有一个冰箱、一个电子秤，有血压计、听诊器、体温计和一些常用药品。村民一般的小病都愿意在村

图4－9　村医和村医务室

医务室看，因为这里看病方便。按照合作医疗政策规定，能在村医务室看的病就在村医务室看，村医务室看不了的病再往镇卫生院转送，镇卫生院看不了的病再往县医院转送，县医院看不了的大病才能往地区医院或自治区医院转诊。村民中常见的疾病主要是肠炎、感冒、妇科病；主要原因是劳动强度大，不太讲卫生。现在实行合作医疗后，村民看病基本上不用花多少钱。

　　我们村的合作医疗是从2007年1月份开始实行的，每人每年只需交15元钱，县里给每人补贴30元，自治区补贴20元，国家补贴40元。一般的按70%报销，家里有困难的、计划生育拿光荣证的、65岁以上的按75%报销。如村民阿瓦罕·肉孜的女儿得了骨髓结核病，花了35000元，国家给补偿了10000元，现在村民对合作医疗制度有了比较清楚的认识，都非常愿意参加合作医疗。

库娃尼·尼亚子，男，维吾尔族，39岁，村民，家里有5口人，自己、妻子、3个孩子。他说：村上有医务室，我自己也参加了合作医疗，每人每年交15元，我们全家5口人交了75元，不过我还没有去医院看过病。我知道合作医疗的好处，就是看病少花钱，听人说，村里有人住院花了1万多元，后来都给报销了，具体政策我还不是很清楚，但知道一旦得了病，通过合作医疗可以少交钱。村民看病，一般轻一些的就在村医务室看，重一些的就到镇卫生院看。村里的医生在阿克苏培训过，我去过医务室，里面有打针的器材，有药物、有输液的架子。在村卫生室看病主要是看牙痛、头痛、感冒、发烧等常见病，大人、小孩都在那里看，现在村民都可以看得起病，没有看不起病的情况，现在人们比较相信医生。除了医生没有用其他方法治病的，过去有巴克希（跳大神）治病的，现在没有了，现在有病都到医务室或者医院去治疗。

第五节　农牧科技的宣传与应用

农村问题、农业问题、农民问题，这是近年来一直在强调的"三农"问题。农村问题主要是建设环境优美的新农村问题，农业问题主要是农业生产增产增效的问题，农民问题主要是增加农民收入，提高农民素质，让广大农民尽快改善物质文化生活条件的问题。

在新农村建设过程中，如何解决好"三农"问题，是政府工作的主要问题。要增加农民收入就必须要让农业增效，要让农业增效就必须要对农业生产做结构性调整。邓小平同志说过："科学技术是第一生产力"，我们赖以生存的基础是农业，从狩猎到养殖，从采摘野果到种植，离不开劳动人民再生产中的探索和研究。今天，我们生活在物质丰富的年代，但是，我们不能忘记农业仍然需要发展，更需要新的农业科技。库车是一个以农业生产为主的农业大县，但通过最近几年的资源开发和大型企业的建设，库车的经济发展很快。农民的收入也不再单单是靠种棉花了。因为要让农民的收入增加光靠农业是不行的，要让农业之外的收入增加，必须要加大产业调整，再者，要增加农民的收入，还必须要加强对农民的技能培训，以谋取更多的就业机会。

2006 年，守努提一村有 5 个人经过培训之后到县城或外地去打工了。根据这种情况，村里在 2007 年主要办了电器修理班、双语辅导班、电焊班。计划在 2007 年年底之前，准备再办 3 个培训班，主要是培训电焊工、车辆维修工、缝纫工等。在 2006 年，守努提一村有 40 人取得了农民专业技术中级职称。争取在 2007 年年底之前能有 150～200 人取得初级技术职称。这些活动基本上都是由县上对上述人员进行统一培训、考核、评定的。现在村民都是按照科学种田的要求进行农业生产，有的村民为了保证高产高效，在施肥中还要进行土壤检测，进行测土配方，以做到合理施肥增加收益。但这并不是所有的人都如此，这只是一部分。因此，在南疆计划性、指令性的生产模式目前还不能完全放开。一旦放开后，部分农民就会返贫。因为，在农业生产占主导地位的守努提一村还有 30%～40% 的人不太懂农业生产技术，还跟不上市场经济发展的需求。一少部分人等、靠、要的思想还比较严重，在农业生产中还比较习惯于依赖乡镇干部催种催收。为了提高农民的素质，一是开办了农民职业技术学校，开设了新型农民的职业技术培训；二是在各村都开设了农民学校，给广大农牧民讲解有关的法律政策和科学技术知识；三是在致富能手等家门口挂了科技示范户的牌子，让其他人能够常同他们交流、学习。

第六节　社会保障

农村的社会保障问题，目前所做的还不是很到位，但相对于以前来说还是有了很大的进步，现在各级党组织对农村的贫困问题都制定了相应的帮扶措施，对困难户、贫困户、五保户都能做到时头八节有慰问，生活困难有人管。

一　对困难户、贫困户、复转军人进行慰问

为了掌握守努提一村对困难户的帮扶情况，我们于2007年9月20日，由库车县政法委的艾则孜江·尼亚孜给我们做翻译，我们对村民买买提·热西提进行了访谈。

买买提·热西提，男，维吾尔族，85岁，文盲，家里有三口人，他本人、老伴和儿子，老伴也已80岁了。儿子阿不来提·买买提，25岁。他有果园2亩，自己种的口粮地1亩，果园是杏子，3口人3亩地，都是口粮地。他因为年龄大没有承包地，他在1982年第一次分地时，生产队分给他5亩地，后来他把2亩地规划给了别人，是由于他自己把宅基地卖给了别人，所以，生产队再给他分地时扣掉了他2亩地。他儿

子现在外面打工，哪里有活就在哪里干，主要是在本地帮人干活。买买提·热西提说，他结过三次婚，第一次结婚后，由于女方对他不好离婚了，第二次结婚后，老伴因病死了。现在的老婆年龄大了，她也有病，所以家里比较穷。我们到他家看到，确实很穷，他说，他的抗震安居房也是村上的干部动员党员干部捐款给他盖起来的。他说：村上、镇上每年过年、过节都给他送清油、大米、面粉，有时也给钱，冬天还给煤。他盖房子的砖是大队给的，盖房子的大工是八区找来的，老婆的亲戚给帮了些忙，花了770元就把房子盖好了。他还说：春节的时候乡里来慰问给了2袋面和45元钱，大队给了45元钱，并对他说肉孜节来了还要给。当我们问他能否改变面貌时，他说：我也正在努力，我也想过好，但我和老伴都已经八十多岁了，身体又不是太好，没办法，家里穷主要是缺乏劳力，因此，还是要靠组织上解决问题。当我们问他有没有其他人给过他帮助时，他说，巴拉提·吉力打出来粮食给了两袋子，他是守努提二村的书记，其他人没有。当我们问他有没有参加合作医疗时，他说，参加了，是大队给出的钱。

二　积极落实帮贫扶困工作

为了帮助农民增加收入，摆脱贫困，牙哈镇党委根据阿克苏地委和库车县委的指示，开展了"百名干部下乡驻村"活动，要求驻村干部围绕"保持共产党先进性教育、基层组织建设、集中整治，扶贫帮困、发展农村经济"为主要内容的"五位一体"工作计划。紧紧抓住农村经济发展这一要务，围绕增加农民收入这个核心开展工作，积极帮助农民拓宽市场，增加收入。县、乡、村三级组织对贫困户都有具体的扶贫措施，如果贫困户没有劳力，耕种有困难，一是在人力物力上给予帮助。二是帮助从银行贷款。三是用农业机械帮助其耕种收割。贫困户在守努提一村并不多，总共不超过 10 户，村干部一般都能积极帮助贫困户解决生活困难。四是给贫困户赠送 1～2 只扶贫羊帮助发展养殖业，以增加其家庭收入。

三　对贫困户进行登记，准备实施农村最低生活保障

1991 年，我国部分农村地区开始进行养老保险制度试点。1995 年 10 月，国务院办公厅转发了民政部《关于进一步做好农村养老保险工作的意见》，其中指出："在农村群众温饱问题已基本解决，基层组织比较健全的地方，逐步建立农村社会养老保险制度，是建立健全农村社会保障体系的重要措施，对于深化农村改革、保障农民利益、解决农民后顾之忧和落实计划生育基本国策，促进农村经济发展和社会稳定，都具有深远意义。"目前，库车已经开始实行最低生活保障。在我们调研时，各村正在统计人数，主要是把那些人均年收入低于 600 元的家庭都按低保统计，在守努提一村，这样的低保户不超过三家。所以，关于贫困问题在守努提一村并不是主要问题，而主要问题如何进一步增加村民的收入。

第七节　生态环境

这几年政府对生态文明、环境保护问题都非常重视，对大气污染、水资源污染、土地污染等都进行了相应的治

理和宣传。牙哈镇党委书记张屹在谈到石油开发对环境的影响问题时讲，油气开发对当地生态环境有一定的影响，但并不大。因为石油企业在油气开发的过程中也非常注意对环境的保护。牙哈一带的油田以国道314线北部为主，气田主要在镇东南面。油气储量达上亿吨，现在只是先打了三眼井。镇东南部油气作业区基本上都在盐碱滩，因而未占基本农田，发现的油田只有工作井。东部山区的作业区现有五眼井，都是相当好的丰产油田，现有三眼井，准备再打20眼井。牙哈全镇都处在丰产油气区，总计要打750眼井左右。东部山区还有一处蜂窝状石油矿藏，有的打出了油，有的没打出油。

图 4－10　位于村东 3 公里处的一个天然气井

　　油气开发对当地农民的好处并不是很明显，农民主要是靠劳务输出，靠在油田施工活动中打工，从油气开发中获取一些收入。主要都是一些修理井场等体力劳动。油井维修场地主要在未耕种的土地上进行，对基本农田影响不大，农民对油气开发没有意见，就是要占用部分农田，石油企业一般都要给补贴，大家基本上都能理解，东部山区是草场，山坡上放羊，山下打井，互不影响。牙哈镇党委书记张屹还说，前段时间，东区油井旁边有一个储污池，发洪水时冲毁了储污池，污染了当地的部分土地，现在几家相关当事人对这个问题正在协调解决当中。这样的事每年有一两起，发生这样的事情农民也会有一些想法，但一般都能处理好。

村民对在这里搞石油开发没有意见，并且比较高兴，因为通过石油开发，把当地的路修好了，可以造福子孙后代，油田还给学校捐款赞助。现在有村民在油田上打工也能挣钱，有几个"老板"接他们过去，几十个人去那工作，给农民也带来了一定的实惠。

2007年9月22日，我们与守努提一村村民艾木都拉·艾白都拉就有关油气开发问题进行了座谈交流。

艾木都拉·艾白都拉，男，维吾尔族，66岁。他说，他家有7口人，夫妻俩、儿子、儿媳、3个孙子。他家有22亩地，12亩种棉花、9亩种小麦、1亩果园。种的地旁就有一口油井，但没有叩头机，是自动吸油。在村里找到石油大家很高兴，这对集体、对国家都有好处，出油为国家增加收入。好处是铺了路，没出油前是石子路，现在是柏油马路。石油开发对个人没啥好处，但它对国家有好处，他对石油开发一点也不担心。他说：油井出油后，油井旁边就是我家的地，我晚上浇水还有灯，也不用拿手电了。

他还说，出石油的地方，石油上每年都给农民补收益，

图 4-11 村南的一个集气站就是西气东输的气源之一

一般是按地亩计算的，有的人按每亩1000元到2000元计算，有的人按每亩300元到400元计算。主要是根据占地多少和土地的好坏计算，每年都给补贴。另外，村上的剩余劳动力可以到油田工地上去打工挣钱，石油上的人与村上的人关系也比较好。有的人有摩托车，他们把油田上的工人带到镇上吃饭，油田上的工人给他们加油。油田附近放羊的人与油田上的工人关系也比较好，放羊人给他们羊，他们给放羊的皮鞋、衣服等东西。当我们问村民和油气开发单位的关系情况时，他说，我们这里发现了石油和天然气，在油气开发过程中如果占用农民的土地，人家都给补偿。如西气东输的管道从我们村上一部分人家的地里通过，油田上都按棉田每亩1800元、小麦每亩1100元进行了补偿。所以说油地关系是比较好的，没有出现什么大的问题。

当我们问到环境状况如何时，他说，现在由于开荒的人比较多，破坏了原有的植被，所以现在每年沙尘暴天气比原来多了，还有就是由于开荒种田，大量用水，致使部分河道干涸，这样动植物的原有自然环境被人为改变了。有些地方的树木也因为浇不上水，而干涸死了。这些都是对自然环境的严重破坏。

第五章 村民生活

第一节 村民的经济生活

一 村民的基本收入来源

守努提一村村民为了提高自己的生活水平，在当地县政府和镇政府的帮助下，在全体村民的辛勤努力下，经济收入不断增加，物质文化生活水平也有了很大的提高，他们的收入来源主要有以下几个方面。

（1）出售农产品，如出售棉花、小麦、玉米等。守努提一村是以农业为主的村庄，人们主要以种植棉花、小麦、玉米为生，所以，棉花是村民的主要经济来源，小麦主要是为了自己食用，当然，如果有多余的也会拿到粮站，或者市场上去出售。这些都是获取收入的主要途径，从问卷分析也能看得出来，在51份问卷中有46份都是靠种植业获取收入的。

（2）出售牲畜家禽，如出售牛、羊、马、驴、鸡、鸭、鹅、兔子、鸽子等。在守努提一村有专门的育肥养殖专业户，也有一些村民虽然不是专门的养殖专业户，但家里也养一些牛羊和其他畜禽。这些也是村民获取经济收入的一个很重要的途径。

（3）出售瓜果蔬菜等产品，如出售自己种的西瓜、甜瓜、葡萄、石榴、杏子、桃子、核桃、红枣、无花果、大白菜、胡萝卜、掐玛菇、大葱、菠菜、豆角、茄子等。现在村民正在进行农业结构调整，并且在政府倡导下增加了林果业和设施农业的种植和产出，虽然守努提一村目前还没有搞设施农业，但随着库车县经济的发展，社会的进步，那也是迟早的事情，因为搞设施农业也是一种发展的方向。

（4）出售手工艺品，如出售手工制作的小刀、花帽、套鞋、衣服等。在库车各种各样的手工艺很多，有做小刀子的，有做手工小花帽的，还有做铜壶、搞刺绣、做毛毡、缝衣服等。

（5）出售自制食品饮料。如出售打好的馕、做好的酸奶子、烤制的小点心等，还有开小饭馆和小商店的，如在村小学校门口就有一家开小饭馆和小商店的。

（6）外出打工收入。主要是搞建筑或搞装饰，这主要是赶上新农村建设和抗震安居工程建设，还有就是现在村里人相对来说也有钱了，翻盖新房和进行高档装修的机会也多了，所以农村的建筑装修也有一定的市场。再就是到城里打工挣钱，现在库车工业园区投资建了好几个大型企业，需要招很多人，库车也要求他们尽可能多招当地人，特别是农村富余劳动力，库车县并且还加强了对年轻农民工的培训，使其能尽可能地适应工厂的招工要求。这都能为村民增收提供机会。

表 5 - 1 村民 2006 年收入情况问卷分析

单位：元

你家 2006 年的收入情况	总　数	份　数	平　均
你家在 2006 年的总收入	959540	51	18814.51
你家 2006 年种植业收入	621630	46	13513.70
你家 2006 年养殖业收入	93280	24	3886.67
你家 2006 年工商业收入	104670	12	8722.50
你家 2006 年外出打工收入	46400	13	3569.23
你家 2006 年工资性收入	19500	3	6500.00
2006 年奖金和补贴等收入	5200	4	1300.00
2006 年的其他收入	9000	2	4500.00

二　村民的支出情况

人挣钱就是要花的，村民们也一样。他们一年到头辛勤劳动，就是为了能有一个好收成，能生活得好一些。村民们虽然挣钱的门道还不是很多，但随着农业税①的取消，农村孩子学杂费的减免，新型农村合作医疗的实施，守努提一村人的生活也有了很大的改变。其经济支出主要是生产性支出、饮食生活支出、医疗卫生支出、培养子女的教育性支出等。

---

① 农业税是指由国家向从事农业生产的单位和个人就其取得的农业收入征收的一种税。1958 年 6 月 3 日全国人大通过的《中华人民共和国农业税条例》规定，农业税征收范围包括粮食作物收入和薯类作物收入，棉花、麻类、烟叶、油料、糖料和其他经济作物收入，园艺作物收入，或者经批准征收农业税的其他收入。2006 年 1 月 1 日，我国废止了农业税，中国农民告别缴纳了两千多年的"皇粮国税"——农业税。这是在新中国历史上继土地改革、联产承包责任制之后的"第三次农业革命"！

表 5 - 2　村民 2006 年家庭经济支出情况统计分析

单位：元

你家 2006 年的支出情况	总　数	份　数	平　均
2006 年总支出	805010	52	15480.96
你家的生产支出	375844	50	7516.88
你家的饮食支出	146360	51	2869.80
你家的教育支出	19070	17	1121.76
你家的医疗支出	104200	40	2605.00
你家的煤电、交通、通信等支出	144520	43	3360.93

（1）饮食生活支出，购买锅、碗、瓢、盆、油、盐、酱、醋、糖、茶、牛肉、羊肉、鸡、鸭、鱼、米、面、糕点等生活必需品。

（2）购买衣服、裤子、被子、毡子、地毯、挂毯、窗帘、鞋子、袜子、席子、收音机、电视机、电冰箱、电风扇、洗衣机、柜子、箱子、凳子、镜子、化妆品、金银首饰等家用物品和饰品。

（3）购买化肥、农药、种子、地膜、拖拉机、播种机、农具、油料等生产资料；支付水费、电费、机械费、油料费等生产费用。

（4）购买砖、瓦、石灰、水泥、钢筋、木料等盖房子用的各种物品和材料，支付人工费等。

（5）购买汽车、摩托车、自行车、毛驴车、马车等交通工具和手机、电脑等，从问卷看购买摩托车的最多。

（6）教育支出、医疗支出、婚丧嫁娶支出和红白喜事送礼支出等。教育支出原来的费用比较大，现在实行九年义务教育，初中以下学费全免，所以，只有高中以上才有教育费的问题。以前医疗费用支出很大，从统计表中也能

图 5-1　小伙子骑着摩托车带着媳妇和孩子去赶集

看得出来，但 2007 年开始实行新型农村合作医疗之后，情况有了很大改变。原来看病的费用比较大，村里人们经济困难看不起病，因病返贫的情况常有，自从实行了新型农村合作医疗制度，这样医疗费的支出比原来也少了许多。婚丧嫁娶和红白喜事随礼在村民中也是经常会遇到的支出项目。

三　存（贷）款和借款

挣钱是要花的，但也不能全花了，所以每家把好不容易挣来的钱都要花在刀刃上，花在最需要的地方。剩下的要存起来，以备关键时候急用。村民的存款虽然不是很多，但也有不少。村民贷款盖房的、种地的、看病的也不少。下面用调查问卷的统计数字加以说明。

表 5 - 3　调查问卷中村民存贷款情况统计分析

单位：元

2006 年你家存贷款情况	总　　额	人　　数	平均数
2006 年你家银行存款	22800	15	1520
2006 年你家给别人借钱数额	20000	4	5000
2006 年你家贷款未还数额	154600	17	9094.12

第二节　家庭情况

一　家庭的基本情况

家庭是社会的细胞，社会的延续发展主要是靠每一个家庭的延续来实现。没有了家庭也就没有了社会。而家庭的基础是依靠婚姻建立和维系的。所以人们常把婚姻家庭联系在一起。守努提一村的婚姻家庭观念怎样呢？首先，守努提一村的家庭规模并不大，平均每户 3～6 人。超过 6 人的大家庭并不多，还是小家庭多。在 52 份调查问卷中，家庭总人口是 248 人，平均每家 4.77 人，最大的家庭中有 10 口人。家庭成员绝大多数是包括祖孙三代在内的直系亲属，一般情况下，独生子不能和父母分家，儿子多的家庭中，一般情况下先结婚的儿子就会和父母分家另过。父母一般和最小的儿子住在一起，其他儿子看自己的经济情况，经济条件好的对父母照顾的多一些，经济条件不好的，相应的就照顾少一些，没有不照顾老人的。其实在村里分家主要是为了家庭和睦，因为，家庭中儿媳多了，互相之间容易产生矛盾，影响家庭和睦。

在村里，户主一般都是男的，也有女的，但比较少。家庭成员在生产和家务劳动中的分工，一般是男主外，女主内，两口子带一个或两个孩子。如果是大家庭的话，一般上面有爷爷、奶奶，中间是父亲、母亲，下面是儿子、女儿，四代同堂的有但比较少。在没有实行计划生育政策之前，兄弟姐妹一般都比较多，有四五个的，也有六七个的。实行计划生育政策后，村民一般是生育两个孩子，少数经批准可以生育三胎，坚决禁止生四胎。计划生育是我国的一项基本国策，村里有专门管计划生育的。实行计划生育是为了保证人口发展水平与经济社会的发展水平相适应，其目的是：提倡晚婚、晚育，少生、优生，从而有计划地控制人口增长。

二　家庭关系

家庭关系是家庭成员之间的一种社会关系，一般都比较正常，父母与子女、婆婆与媳妇、公公和儿媳妇、夫妻之间、祖孙之间、兄弟姐妹之间都能和睦相处，基本都能做到尊老爱幼。（1）在父母与子女关系中，父母要把子女培养教育成能自食其力、懂得生活礼仪习俗的人，而子女则要对父母孝顺，并为老人养老送终。（2）在夫妻关系中，丈夫是家长，有很高的权威，妻子对丈夫一般都会服从和支持。随着时代的发展，现在村里妇女的家庭地位比以前有了很大提高，一般都能互敬互爱，在重大事情上基本都能男女商量决定。妇女在家庭重大事情（如生产、购置大件、贷款、子女教育、婚嫁等）的参与权与决定权有了很大的提高。原来在有些家庭里出现的男人经常打老婆的现象比以前少多了。原因是现在全社会都在提倡平等、和谐、尊重。（3）在兄弟姐妹关系中，村里大多数家庭中一般都有两三个兄弟姐妹，他们从小受到家庭及亲情教育，男孩子往往被看做是女孩子的保护者，而女孩子一般被认为是弱者，需要兄弟们的保护和扶持。子女们长大后，长子应该关心和帮助自己的弟弟妹妹，女孩子一般都会帮助家长干一些家务活。兄弟姐妹长大成家之后，关系都非常亲密，互相帮助，互相往来，节假日都会互相拜访。（4）在祖辈与孙辈的关系中孙儿女比子女甜，也就是祖辈与孙辈关系非常亲近，非常爱护，甚至有的爷爷把大孙子当做小儿子养的情况。（5）公婆与儿媳之间的关系往往比较敏感，在一个家庭中，婆媳之间的矛盾往往都是为一些鸡毛蒜皮的小事就闹起来了，但一般都能在家庭成员和亲戚们的劝导协调下解决，在村里也开展了公民道德建设纲要的学习，要求大家都要尊老爱幼。再者，如果在村里出现不合理的现象，邻居、村民或村干部都会出面干预或者进行教育，要求大家和睦相处。

三　家庭分工

村民在家庭中的分工情况，一般情况下，夫妻之间的分工基本上以男主外女主内为主。在维吾尔族家庭中，丈夫是家里的顶梁柱，是家长，有绝对的权威，作为妻子对丈夫的这种权力和地位是认可和支持的。妇女多承担家务活儿，包括抚育子女和赡养老人、洗衣做饭、打馕、购买日常生活用品以及喂养牲畜家禽等。男人主要是耕地、种田、经商、打工挣钱和"外事"活动。在日常生活和劳务中，如决定所属土地的使用方法、家庭总的经济支出原则、孩子上学、子女成亲、家畜的购进和出售、家用农机具与家具的购买与使用等重大事情一般都是由丈夫与妻子协商后作出决定。

父母和子女之间的分工,生儿育女是人的一种本能,而将孩子培养成能自食其力、自力更生、爱劳动的人,就是做父母的责任。父母与子女之间的分工因父母与子女的性别差异以及父母在家庭中的作用不同而有所不同。母亲主要照顾子女的衣食住行等生活事宜和学习,所以与子女相处的时间比较多。她给孩子们传授日常生活常识,要给孩子教操持家务、照看弟妹及家中老人的技能以及待人接物的规矩等。而父亲给孩子们传授一些基本生活经验、生活技能及为人处世的道理和方法。在农事活动中父亲一般起到组织协调的作用,主要力气活儿一般由男孩子们承担,而女孩子们则主要在家中协助母亲操持家务。

公婆与儿媳之间的分工,一般情况下,儿媳娶进家后,婆婆便会在家务活动中"退居二线",只做一些指导性的工作,一般的家务活会尽可能地让儿媳妇去做。当然,在儿媳妇怀孕生育期间,婆婆会尽可能侍候儿媳并操持家务的。

第三节　婚丧嫁娶

一　择偶条件和标准

守努提一村村民由于都是维吾尔族人,所以择偶也基本上都是在维吾尔族中间进行,实行的是一夫一妻制,由于受历史传统、文化意识、宗教信仰、生活方式、道德观念等诸多因素的影响,每个人都将组成自己的婚姻家庭,并且会按照维吾尔族习惯给子女组成家庭。男女双方的择偶条件一般都是由家长的意愿和互相之间的感情为主要标准。所以家长给子女办喜事时,首先要掌握对方家庭的道德品质、生活状况、文化水平、健康情况、才智能力等，当然也非常注重子女们的互相感情。家长介绍和媒人介绍是家长给子女物色对象的两种主要方式，但随着社会的发展和村民生活水平的提高，村里的男女青年自由恋爱的也多了起来，而且主要是看对方的性格和人品。

二　结婚形式

在守努提一村，人们的结婚形式分为提亲、订婚、念尼卡、接亲等步骤，并且非常隆重热闹。

提亲。男女之间经人介绍相识之后，如果彼此都觉得满意，就会告知家长愿意结婚。双方家长认可后，按照习惯，男方就要向女方家派亲友作为媒人（维吾尔语叫"艾勒其"）提亲。双方家长会向艾勒其提出各自的想法和要求，由艾勒其在两家之间起到穿针引线、协调关系的作用。当征得同意后，就要商定订婚日子。

订婚。通常分为见面和订婚两个步骤，先由男方的母亲带几位妇女和艾勒其去女方家与其母亲等亲属见面，并送一些礼品，待女方母亲明确表示同意后开始商定送聘礼的订婚日期，订婚礼一般在女方家举行。

念尼卡。婚礼仪式前一天，男方要把为举行结婚仪式准备的东西送到女方家，一般有活羊、大米、清油、胡萝卜、茶叶、糖果、盐、柴或煤等。彩礼和仪式所需，要视男方家庭条件，要求过高，为舆论所不允许，婚礼前要领结婚证，婚礼开始，在女方家宴请宾客，并由伊玛目或宣礼员（职业宗教人士）念尼卡（即诵读一段经文），并且要问新郎和新娘是否愿意娶（嫁）对方，在得到双方肯定的答复后，要同吃一块浸泡了盐水的馕，意为"我们从此永远在一起，同甘共苦，忠贞不渝"，并接受亲朋好友的祝福。

接亲。接亲是婚礼的重要一环。在接亲日的下午，新娘穿上鲜艳的花裙，戴上项链，蒙上红纱巾，在一群姑娘的簇拥下走出家门，迎接新娘的队伍接新娘走出院门或巷口，新郎新娘分别乘坐彩车向男方家进发。一路上，同来迎亲的小伙们打起手鼓，摇起撒巴依，弹起热瓦甫，吹吹打打，热热闹闹，沿途的乡亲们可以在半路上"挡驾"，这时，新郎将右手放在胸前，频频施礼，并会给围观的孩子们撒喜糖。到男方家时，新娘面对门前的一堆火，要越火而入，意为驱鬼避邪、降临幸福。

行礼。由一人掀开戴在新娘头上的头巾，新娘起身向众人行礼，同新郎及一干青年男女载歌载舞，至此结婚仪式结束。

三 村民所讲的婚嫁习俗

2007 年 9 月 20 日，与村民就守努提一村婚嫁情况座谈实录。

买买提·热西提，男，维吾尔族，69 岁。他给我们介绍了守努提一村的婚丧嫁娶情况。他介绍了他的基本情况，他家里共有 5 口人，儿子和儿媳妇，两个孙子（一男一女）。他 1963 年第一次结婚，1967 年离婚，1968 年第二次结婚，第二个老婆于 2003 年去世了，2006 年 3 月，他第三次结婚，但在一起生活时间不长，就于 10 月份又离婚了。

在守努提一村，生活水平好一些的人家，一般是十八九岁就结婚了，穷一些的人家一般在 20 ~ 22、23 岁结婚。以前男的 18 岁可以结婚，现在《婚姻法》规定了结婚年龄，男不得早于 22 周岁，女不得早于 20 周岁。所以，现在男的 20～22 岁才能结婚，女的 18～20 岁才能结婚。男的20 岁，女的 18 岁，这是新疆对婚姻法相应条款进行补充规定后对新疆少数民族而制定的最小结婚年龄，只有到了这个年龄才能结婚，并不是一到这个年龄就必须要结婚。国家提倡晚婚晚育。现在计划生育抓得紧，不到结婚年龄不给领结婚证。在守努提一村没有终身未婚的情况，只有一个小伙子 35 岁了还没有结婚，主要原因是他没有父母，而且还有点残疾，所以目前还没有结婚。富裕的家庭，父母在男孩子满 20 岁时就开始考虑给其娶媳妇的事了；在女孩子 18 岁时开始考虑其嫁人的事情。现在父母包办的情况少了，必须双方接触 5～6 个月，只有男女双方愿意了父母才让其结婚举办婚礼。如果有一方不愿意，结婚之后再离婚是很划不来的事情，谁都不愿意干划不来的事情。

本村男的有娶本村女的，也有找守努提二村、兰干村、托克乃村的，别处乡镇的也有，乌恰镇、轮台县、阿克苏的也有，最远的娶喀什、乌鲁木齐的也有。牙哈镇在库车是比较有名的，到近处娶媳妇，妻子娘家过来的人就多，有些外地男的到守努提一村来娶媳妇的也有，这里男的娶喀什、阿克苏等别处女的也有。这样离得远的，结婚时花费要少一些。

在守努提一村，女孩嫁人也一样，有嫁到库尔勒的、焉耆的、东河塘乡的。以前有近亲结婚、逼婚、换婚等现象，现在没有那种事了。男的娶老婆要求女方经济条件好一些，对文化程度一般并不太强调。女孩找老公也要求经济条件要好一些，有的还会要求文化程度要高一些，但也有不要求的。在农村嘛，只要身体健康、人好、心好就行了。在男人心里，理想的老婆：一是能干农活；二是女方父母比较好；三是女方家里富裕一些。在女人心里，理想的丈夫：一是能干农活，能挣钱；二是不经常喝酒抽烟；三是心地善良，脾气好，待人和气。

在守努提一村，男方娶媳妇一般花费1万元左右，多的花费1.5万元左右，主要是买一些金首饰（30~35克）。男方到女方家定亲，要买100~200元的东西，包括馕、糖、茶叶等。另外，再花100~200元买些布料等。

女方嫁妆主要是被褥、枕头、一个木箱、一个皮箱、一台冰箱或一台洗衣机，一般价值1500~1800元，最差1000元，最多达到2000~2500元。住房是男方家里的事情，大的电器男方家准备，女方家花费高的一般在二三千元左右。嫁妆多少不影响女方在男方家的生活地位，但在一小部分家庭也可能会出现一些不好的现象。比如9月份要结婚，定亲时要买一些秋天或者冬天要用的东西，如果到时候未买，男方家在婚礼方面花钱太少，弄不好女方家里就会有意见，定亲时说好给女方家买的东西，但后来没有及时买，女方家里就会给中间人说，甚至找村委会调解。

本村一般都是在家里举行婚礼，目前还没有在饭店、餐厅举办婚礼的情况。一般都是定亲以后，在婚礼之前要领结婚证。婚礼第一天的一大早，男方的父亲要带着新郎儿子和亲戚朋友、伊玛目到女方家里念尼卡。男方和女方各自在家中宴请朋友、亲戚，念完尼卡后男方先回自己家中。宴请完毕后，新郎要和亲戚朋友到女方家接新娘回家。第二天的一大早，女方家给男方家送薄皮包子、羊杂碎、肉馕、抓饭等大盘食物。到9点钟左右，男方新郎要带几个朋友（不带新娘）到女方家问候岳父岳母，吃完饭就回家。11 点到 12 点时，男方和亲朋再来女方家做客吃饭。第三天，11 点到 12 点，女方家带亲朋好友到男方家做客。

在本村，如果家里有 3 个儿子，没结婚时都和父母住在一起，老大刚结婚时一般也和父母在一起住，但如果老二要结婚了，那么老大就得要分家另过了，如果老三要结婚了，那么老二也要分家另过了，小儿子一般和父母住在一起。很少一大家子都住在一起的，儿子分家时要向村里申请宅基地盖房子。都住在一起孙子们容易产生矛盾。

在守努提一村，男的一般在 23 岁左右初婚，女的一般在 21 岁左右初婚。父母一般在孩子长到 19~20 岁时开始考虑儿女们的婚事。现在年轻人基本上都以自由恋爱为主，媒人介绍的也有，但定亲时要有中间人（媒人）来回传话，以沟通男女双方家人关于结婚的一些事情。守努提一村没有近亲结婚的现象。在该村招上门女婿的有 5 户，一般都是女方家里没有男劳力，上门女婿在以前是让人看不起的，现在无所谓了。

现在村里实行土地承包 30 年不变，所以嫁出去的女儿不收地，娶进来的媳妇也不分地。守努提一村都是维吾尔族，没有其他民族，所以也没有不同民族之间的通婚问题。婚姻关系一般都比较稳定。当然，这里也是社会的一部分，受各种社会因素影响，现在离婚的也多了。离婚的原因很大一部分都是由于婆媳不和，或者是男的有钱后在外面找别的女人，村里大概有 20% 的人离过婚。

离婚后再婚一般都比较难。离婚时对子女的抚养、财产分配一般都由双方自行商定，也有通过法院离婚的，但很少。再婚者的择偶条件、婚礼、聘金或嫁妆等与初婚相比要降低很多。丧偶再婚的有 10% 左右，丧偶后再婚的过程一般比较简单。婚前性行为和婚外性行为在这里比较少。因为祖祖辈辈都在这儿，互相之间都比较熟悉，民风相对比较纯朴。

四　丧葬习俗

守努提一村村民死亡之后都实行土葬，丧葬仪式都是按伊斯兰丧葬仪式进行。主张速葬、薄葬，一般是晨亡午葬，晚亡次日葬，停尸最多不超过 3 天，以免尸体腐烂。入殓之前一定要为死者洗净尸身，一般都是请清真寺的买僧（宣礼员）和一两位年长的男性为死者净身，若死者是女的，则请年长的妇女来为死者净身。洗净之后，撒上一些黄花或其他的干花，再用新白布将尸体缠裹起来。一般男性裹 3 层，女性裹 5 层，然后将尸体放在塔吾提（又叫吉那孜，是专门用于抬尸体的架子）上，盖好布单，由亲友抬至清真寺举行殡礼。进清真寺后先做伊斯卡特，意为最后一次施舍，是将分好的钱及财物给寺里的阿訇和其他人。然后行站礼，由阿訇念经祈祷。最后将尸体抬往墓地下葬。

墓坑长方形，长 2 米、宽 1 米、深 2 米，穴壁开洞，以放入死者尸体，并要面朝西方。入葬前，由阿訇念经，所有参加葬礼的人各抓一把土，在念经后撒在尸体周围，之后用土块把洞口堵死，再填平直坑。坟墓的形状大都是长方形，比较大的拱形坟墓是村里比较富有人家的合葬墓。较小的长方形墓里只葬一人，有 3 个梯形平台的长方形墓是埋葬女性的坟墓，只有 2 个平台的则是埋葬男性的坟墓。据说是因为女子生前多做家务而多修一个平台。

在守努提一村维吾尔族人家里，如果有人去世，家里人就会放声大哭，邻里街坊听到哭声就会立即前来悼念，并对家人进行安慰。每来一批吊唁的人，死者的亲人就失声痛哭一次，边哭边唱，主要内容是歌颂死者以表达亲人对死者的悲痛和怀念心情。死者亲人一般要系白腰带，妇女还要披白盖头。

在清真寺举行殡礼的过程中，有超度亡灵的伊斯兰宗教仪式"乃孜尔"，还有一个为死者"赎罪"的仪式。在民间葬俗中，还流行着"口头鉴定"的习俗，即死者的长子或至亲在尸体入葬前，会询问伊玛目和众乡亲死者的人品如何，伊玛目和乡亲们则主要是说一些颂扬死者的功德和善行的话。做完鉴定后，死者的儿子和其他男性至亲还要讨众人的"热阿孜"（即满意、情愿、谅解之意）。问死者生前是否还欠谁的债务，以便由亲人偿还，其目的是为了让死者安息。

葬礼结束后，为了表示对死者的怀念，一般要在死后的第三天、第七天、第四十天、周年这些日子里举行祭奠活动，要请伊玛目念经做"乃孜尔"，客人来得越多主人越高兴，他们认为这样有助于死者摆脱灾难。在所有的祭奠活动中，周年祭最为隆重。祭奠中的饭食主要是用大块羊肉做成的抓饭，祭奠活动中不饮酒、不高声谈笑，也不播放音乐，显得肃穆而庄严。周年祭之后一般就不再举行"乃孜尔"了。死者的亲人一般会在堆起的坟丘上栽一根白杨树枝，周年以后死者的家人还会不定期地在坟丘上再栽一根新树枝。这是人们祭奠、悼念和缅怀已亡祖先的一种主要方式。人们一般会把新树枝紧挨着原来的枯树枝栽下去。所以，在坟丘上就形成了一簇簇枯树枝，构成了荒凉、悲哀的景象。

第四节　生育习俗

一　生育习俗

新疆是少数民族地区，在少数民族中实行计划生育政策也是自治区的一项重要政策。在守努提一村大多数人还是希望多要孩子，男孩女孩都一样，只有一小部分人希望少生，没有不想要孩子的夫妇。现在一般生育2个孩子的比较多，生1个或生3个的都相对较少。不生育的也有，村民没有看不起他们，一般村里都会照顾孤寡老人。村民对计划生育政策是拥护的，一般生第一个孩子6个月后带临时性节育环，如果想要第二个孩子时再把临时性节育环取出，生完第二个孩子6个月后再带长期性节育环。有自愿要求带环的，也有按计划生育政策要求带环的。计划生育药品和用具一般都是免费发给村民使用，村里也有超生的现象（有3个人），对超生的家庭都按计划生育政策规定进行了相应的处罚。

守努提一村妇女采取的节育措施，有带环的，也有吃药的。现在村里有178个育龄妇女，带环的有120人、结扎的有10人，其他是未婚的，或者是采取药物避孕的。为了计划生育，国家投入很多，现在一般家里有两个女孩的，或者是有一个男孩的家庭，在60岁后国家给他们每月补助100元。

现在守努提一村妇女生孩子都是在医院里生，孕妇怀孕期间一般都要检查好几次，生孩子一般都是在乡卫生院。参加合作医疗后在医院生孩子不收费了，如果是剖宫产政府还给补贴800元。在医院生孩子的妇女，生育后的护理一般都是在娘家，有的60天，有的40天。生一个孩子容易，但要把他（她）们养大不容易，现在养一个孩子都得花10万元以上。生孩子的费用不大，但养孩子的费用太大了。所以，大多数村民都是拥护计划生育政策的。

二 计划生育

计划生育是指有计划的调节人口的增长速度，使之与经济社会的发展水平相适应。对一个家庭或一对育龄夫妇而言，则是有计划的生育子女，以适应家庭与社会的要求。在人口发展速度超过社会和经济发展速度时，采取一定的节育措施，降低人口增长速度，提高人们物质文化生活水平。

在守努提一村有专门的计划生育办公室，主要是广泛宣传计划生育政策，开展基本国策教育，积极配合镇政府做好一年两次的查孕、查环、查病工作。全村计划生育符合率是100%。计划生育的口号是：提倡晚婚、晚育，少生、优生，从而有计划地控制人口增长。

我国的计划生育政策包括生育政策、避孕节育政策、奖励优待政策和限制处罚政策等几个方面。其中生育政策是整个计划生育政策的核心。具体的做法是：（1）一个家庭或一对育龄夫妇有计划地安排生育孩子的时间和数目，以适应家庭和社会发展的需要。（2）在一定社会范围内（如国家或地区）有计划地安排人口出生的数量和确定生育对象，即对人口发展进行有计划的调节，使人口发展同经

济、社会的发展相协调。(3)有特殊情况者,由夫妻双方
共同申请,经县级(含县级市、区,下同)计划生育行政
部门审批,可按人口计划及间隔期规定安排再生育一个子
女。新疆从 1988 年起开始在少数民族中实行计划生育,提
倡一对夫妇生育 2 个孩子。城市一对夫妇生育 2 个孩子,农
牧区一对夫妇经批准可以生育 3 个孩子。新疆鼓励少数民族
按照国家政策计划生育,一对少数民族夫妇生 2 个孩子,政
府将给予奖励,这种奖励将使少数民族终身受益。守努提
一村的计划生育政策贯彻得是比较好的,基本上没有违反
计划生育政策的情况发生。

第五节　宗教信仰

新疆是一个多民族、多宗教地区,由于历史原因使宗
教的影响比较深。长期以来,各级党政部门都坚定不移地
贯彻了党的宗教政策,依法加强了对宗教事务的管理,积
极引导宗教与社会主义社会相适应,目的在于把信教群众
都团结起来,共同为维护民族团结和祖国统一,为建设有
中国特色的社会主义而共同奋斗。

一　村民的宗教信仰状况

守努提一村人全部都是维吾尔族,村民主要以信仰伊
斯兰教为主,伊斯兰教在新疆的维吾尔人中影响非常广泛。
对每个维吾尔人来说,从出生到死亡,从吃饭到穿衣,再
到待人接物,伊斯兰教的影响始终伴随其左右。有些宗教
礼仪已经演变成了人们的生活习惯,比如伊斯兰教规定不
吃猪肉、不吃动物的血、不吃自死的动物等已经演化成了

村民的基本生活习惯。

目前，守努提一村有三座清真寺，其中一、二组一个清真寺，四组一个清真寺，五组一个清真寺，三组因距离守努提二村的大清真寺很近，所以宗教活动都是和守努提二村的村民一起进行。守努提一村一、二组清真寺是 1983 年在原址上重建的，结构是土木建筑。2005 年按照抗震安居房的要求，又花了 6.5 万元进行了重新修建，费用主要是由信教群众自愿捐款筹集的。四组的清真寺是 1993 年在原址上重建的，砖混结构。五组的清真寺是 1994 年在原址重建的，砖混结构。守努提一村和守努提二村的群众，居马日都在哈尼卡清真寺（居马寺）做礼拜。哈尼卡清真寺由两村信教群众自愿捐款建的，是 2001~2002 年经政府批准后在原址上重新修建的。

图 5－2　守努提一村一、二组的清真寺

表 5 – 4　村里清真寺和伊玛目情况

清真寺名	伊玛目姓名、年龄	学经时间和学经地点	生活补贴	带培学员
一、二组清真寺	司马义·卡热 64 岁	1950～1955 年在八区学经	每月 180 元	带过 20 名学经人员
四组清真寺	海力阿·巴斯提 73 岁	1941～1946 年在守努提村学经	每月 120 元	带过 16 名学经人员
五组清真寺	吾守尔·热合曼 37 岁	1982～1984 年卡拉乌吉买学经	每月 120 元	带过15名学经人员

　　在守努提一村，每天做 5 次乃玛孜的人并不多，大概占村民的 20% 左右，守努提一村没有居马清真寺。在封斋期间，村民中大概有 30% 的人封斋，大部分是年龄比较大一些的人，党员、团员、学生没有封斋的。在清真寺讲经的伊玛目都是按照《新编卧尔兹》讲解的。主要是讲一些坚持民族团结、反对民族分裂、反对非法宗教活动、保护合法宗教活动、坚持宗教与社会主义相适应、坚决维护社会稳定等方面的内容，向信教群众宣传党和国家的法律政策。

　　守努提一村在贯彻宗教工作两项制度方面做得还是比较好的。根据宗教人士反映，基本上每天都能见到村长。镇上的干部也经常来了解清真寺的情况，基本上每月联系 4 次（村干部 2 次，乡干部 2 次）。两项制度联系干部一般都要在所联系的清真寺的登记本上签字，以便于随时检查。村、乡联系干部经常给村上的宗教人士做依法管理宗教活动，维护民族团结，防止非法宗教活动方面的宣传。守努提一村的清真寺 25 年来没有出过任何不利于国家稳定的事。

1. 伊斯兰宗教活动场所清真寺

清真寺是信仰伊斯兰教的穆斯林群众进行宗教活动的主要场所，库车现存最早的清真寺是建于 16 世纪的库车大寺。据 2006 年年底统计，库车全县共有伊斯兰教清真寺 609 处，其中居马清真寺和两节礼拜清真寺 187 座。守努提一村有三座清真寺，其基本情况是：（1）哈尼卡清真寺加上院子面积有 1.5 亩，居马日去做礼拜的有六七十人，两节时去做礼拜的多一些，有五六百人。（2）一、二组清真寺有 660 平方米，一般每天只做一次礼拜，即早礼，斋月期间做早礼和晚礼两次。早礼一般来 8～12 人，晚礼（斋月期间）一般来 6～10 人。（3）四组清真寺有 800 平方米，一般每天做两次礼拜，早礼 10～15 人，晚礼 5～7 人。（4）五组清真寺有 650 平方米，一般每天做两次礼拜，早礼 10～15 人，晚礼 10～12 人。

2. 伊斯兰教宗教人士

清真寺一般都设有伊玛目。伊玛目是清真寺的主持，主要管理清真寺的讲经和领拜等事务。其下还有买僧（宣礼员），买僧主要是协助伊玛目处理清真寺的日常事务及传呼宣礼。1989 年，库车县对 645 名伊玛目以上的宗教人士进行了政治和经文考核，对取得合格证资格的 641 名爱国宗教人士发放了宗教人士合格证。同时，还建立健全了清真寺的民主管理制度，由宗教人士和信教群众共同管理宗教活动场所。截至 2006 年年底，全县共有宗教人士 778 名，其中专职哈提甫 6 名、伊玛目 619 名、助理伊玛目 153 名。村里现有的 3 名宗教人士都是有合格证的宗教人士。

3. 朝觐和零散朝觐问题

朝觐是指有条件的男女穆斯林去麦加朝觐和拜祭的一

项宗教活动。伊斯兰教对朝觐的要求是：成年穆斯林，身体健康，精神健全，旅费充足，身无债务，家人生活无忧，往返路途安全等。改革开放以来，应穆斯林群众的要求，我国每年都组织穆斯林群众组团朝觐。20世纪90年代以来，一些人在宗教极端思想影响下，在新疆掀起了一股私朝热，许多人不顾自己的身体状况和经济条件都要求赴麦加朝觐，有的参加私朝，有的甚至借债朝觐，给社会带来了许多不稳定的因素。有些人舍不得吃、舍不得穿，但却要想方设法攒钱去朝觐，而朝觐一次最少也得花费3万～5万元人民币，有的人则因朝觐花费巨大而变成了当地的贫困户。

表5-5　库车县2001年前至2004年零散朝觐人员情况统计

单位：人

年份	总数	男	女	经商	探亲	旅游
2001年前	109	79	30	2	11	96
2002	7	6	1		2	5
2003	16	10	6		2	14
2004	60	40	20	3	7	50

我们在守努提一村作问卷调查时，有88%的人都有想去麦加朝觐的愿望，但由于名额限制，只能等以后再说了。守努提一村有2个人参加过组团朝觐，这两人分别是：一是吾甫尔·扎依提，男，维吾尔族，65岁，小学文化，2003年参加组团朝觐；二是尼牙孜·扎依提，男，维吾尔族，62岁，小学文化，2006年参加组团朝觐。

二　宗教改革与管理

宗教管理主要是立足于贯彻执行党的民族宗教政策，

促进宗教改革。新中国成立后至 1985 年，宗教行政事务
主要是由县委统战部管理。1986 年以后，在县人民政府下
设立了民族宗教事务局，专门负责管理全县的民族宗教事
务工作。

1. 废除宗教特权

新疆解放前，库车的伊斯兰宗教组织非常严密，一般
在县级教区设有宗教首领 6 人，执掌全县宗教大权及很大一
部分世俗权力。"卡孜库扎提"（大阿訇）是一县教主；"艾
速木"（二阿訇）为副教主；"穆夫提"（三阿訇）为县宗
教法庭的庭长；"卡孜"（四阿訇）为县宗教法庭审判长；
"穆德里斯"（五阿訇）为县宗教学校教育长；"卡孜热依
斯"（六阿訇）为县宗教戒律监察官。这些高级的宗教职业
者权力很大，当地社会的行政、司法、教育、手工业、商
业等都可以插手干预。民间的一些主要文书契约都需要经
过教主盖章才算合法，方能生效。库车大寺宗教法庭处理
全县的民事和刑事案件，可以判处死刑、徒刑、罚款、体
罚和其他各种刑罚。"卡孜热依斯"（六阿訇）除监督和检
查教规的执行情况外，每逢集市，他还带着随从在街上巡
视，如遇违反教规的人，轻者鞭打，重者押送宗教法庭处
刑。强大的宗教势力与政治权力相互勾结，互相利用，顽
固地维护了封建统治阶级的种种特权。中华人民共和国成
立后，党和政府坚持宗教信仰自由，在保障人民群众宗教
信仰自由的同时，对旧社会的一些宗教制度进行了改革，
取消了宗教特权，在政治方面取消了宗教法庭，收了阿訇
的印章，使宗教不得干预教育和行政事务。

2. 革除寺院经济特权

解放前，宗教寺院都有一定的经济特权。寺院经济特

权主要是拥有大量土地并向教民征收宗教税。据 1953 年土地改革资料统计：库车县清真寺及麻扎共占土地 1 万余亩。寺院每年向农民征收其收获物 10% 的税，又叫"乌守尔"粮；向牧民及商人征收其利润 2.5% 的税。1958 年，合作化全面实现，所有寺院、麻扎的土地全部入社，宗教税收被禁止，寺院经济特权被取消。

3. 取缔经文学校

解放前，库车县的宗教控制着一定的文化教育资源，城乡都有专门教授经文的学校"买的日司"。1949 年，库车城镇有买的日司 14 所，农村有买的日司 21 所，基本控制了库车县的教育领域。1958 年，人民政府下令取缔经文学校，经过多年的努力，普通中小学教育迅速发展，担负起了全县儿童的教育事业。但自 1978 年以来，出现了私办经文学校现象，虽经宣传教育，查处和取缔了地下经文学校，但时不时地仍有私办经文学校和教经点的情况发生，给社会造成了很大的不稳定因素。

4. 团结教育宗教人士

新中国成立后，党对宗教人士采取争取、团结、教育的方针，广泛宣传党的宗教政策及爱国主义思想，并使之制度化。在合作化之后，号召宗教人士及家属积极参加社会劳动，使其逐步变成了自食其力的劳动者。对其中一些确需经济帮助的人国家还给予一定补助。宗教人士绝大多数都是爱国的，是遵纪守法的，他们也为当地社会的团结进步作了许多有益的工作。

三 积极引导宗教与社会主义社会相适应

宗教问题从来就不是孤立存在的，它总是同政治、经济、文化、民族等方面历史和现实的矛盾相交错，具有特殊复杂性。从历史的角度看，宗教的存在有着深刻的社会历史根源，今后还将长期存在并发生作用。我国现在还处在社会主义初级阶段，我们必须正确认识社会主义条件下宗教存在的长期性，既不能用行政的力量去消灭宗教，也不能用行政的力量去发展宗教，而要积极引导宗教与社会主义社会相适应，要立足长远，着眼当前，坚持不懈地做好宗教工作。江泽民同志指出："积极引导宗教与社会主义社会相适应，不是要求宗教界人士和信教群众放弃宗教信仰，而是要求他们热爱祖国，拥护社会主义制度，拥护中国共产党的领导，遵守国家的法律法规和方针政策；要求他们从事的宗教活动要服从和服务于国家的最高利益和民族的整体利益；支持他们努力对宗教教义作出符合社会进步要求的阐释；支持他们同各族人民一道反对一切利用宗教进行危害社会主义祖国和人民利益的非法活动，为民族团结、社会发展和祖国统一多作贡献。要鼓励和支持宗教界继续发扬爱国爱教、团结进步、服务社会的优良传统，在积极与社会主义社会相适应方面不断迈出新的步伐。"[1]

　　库车县在引导宗教与社会主义相适应方面，一是形成了宗教事务管理网，建立了县、乡、村三级宗教事务领导小组，形成了比较完整的宗教事务管理网。二是对宗教人士进行法律培训，抓好宗教事务方面法律法规的宣传教育和培训工作，举办爱国宗教人士培训班，宣传

---

[1]　江泽民：《论宗教问题》，载《江泽民文选》第 3 卷，2006，第 387 页。

党的民族宗教政策，并选派一些优秀的宗教人士到内地省市考察学习。三是认真抓好两项制度的落实，全县有768名民族干部与609所宗教场所和778名宗教人士进行定点联系，发现问题及时处理、及时解决。四是对宗教人士发放了生活补贴，以使爱国宗教人士切实感受到党和政府的关怀。

第六章　风俗习惯

第一节　人生礼仪

守努提一村村民一生中要经历几个重要的环节，并要举行隆重的仪式，长期沿袭至今，已演变成重要的礼俗和习惯，其中以命名礼、摇床礼、割礼、婚礼最为典型。

一　命名礼

命名礼，就是村民按照维吾尔族习惯为孩子起名字的一个礼节性仪式。一般是在孩子生下后的第七天举行，无论是男孩还是女孩，都要请伊玛目或者有威望的长者为他（她）取名，还要请直系亲属和其他客人来为其祝贺。按照维吾尔族习惯，妇女生孩子时一般都要回到娘家，并在娘家住到为小孩举行摇床礼后为止，一般为40天，因此命名礼一般是在娘家进行。届时，孩子的家长要请一位伊玛目或有威望的长者主持，并为孩子命名。家长用小棉被将小孩裹起，只露出一张小脸，双手递给仪式主持者。仪式主持者双手抱住小孩，在客人的面前念一段经文，为小孩祝福，最后把孩子放在地毯或褥子上滚动一圈，有的还会在孩子的耳旁轻声呼唤刚为他（她）所取的名字。之后，妇女们轮流抱起孩子为他（她）祝福，并赠与礼物。

村民按照维吾尔族习惯，一般是把自己的名字放在前面，父亲的名字在后当做姓，中间用一个小圆点隔开。命名仪式中给孩子所起的名字写在前，父亲的名字写在后。如给吐尔逊的儿子起名叫"买买提"，那么，孩子的姓名就是"买买提·吐尔逊"。在新疆的维吾尔族、哈萨克族、乌孜别克族等少数民族中绝大多数是以本名加父名给孩子命名的。村民在给孩子取名时都比较喜欢用一些意思较好或与伊斯兰教文化有关的字眼，给男孩子取名常用：安尼瓦尔（最光亮、最灿烂的）、亚力昆（火焰、火苗）、艾山（彩虹）、艾尼（富有的）、艾沙（圣人名）、库尔班（献身的烈士）、衣米提（希望）、胡达拜尔（安拉赐给的）、霍加（穆罕默德的后裔）等；给女孩取名常用：古丽（鲜花、花儿）、阿那尔古丽（石榴花）、热娜（艳丽的、娇媚的）、迪里拜尔（美女、美人）、阿依努尔（圣洁的月光）等。

二　摇床礼

摇床礼，是村民在婴儿满 40 天时把婴儿放入摇床所举行的一个礼节仪式。这是一生中的第一次正式的"托依"（喜事），一般是在娘家举办，并且完全是由妇女们操办。举办摇床礼的人家一般会请来一些女宾和几个未满 7 岁的小孩以及他们的母亲，主人家准备一些小馕、果酱以及一种用面、糖、油制成的米糊糊"阿勒瓦"，并把果酱或"阿勒瓦"涂抹在小馕上，递给小孩；拿到馕的小孩要和他（她）的妈妈一起来到摇床前，向婴儿表示祝贺。主人家以丰盛的饭菜招待客人。

举行摇床礼的当天，丈夫的家人要请一些亲戚朋友中的女宾客陪同来接小孩和小孩的母亲一起回娘家，并带来礼物对娘家进行慰问，而小孩的父亲则在家中迎接妻子和孩子。一般情况下，父亲在举行摇床礼之前可以随时探望妻子和孩子，而爷爷则要在举行摇床礼之后才能见到自己的孙子（孙女）。

摇床按维吾尔语叫"毕须克"。其结构也很别致，一般是高60厘米左右，长不足1米，宽50厘米，整个摇床不用一枚钉子，接头部分均用木榫连接，床帮和床脚有用红、黄、绿、蓝等各种颜色描绘的花纹，摇床每侧的床脚之间都有木撑连接，两头的木撑要做成弧形，以使床可以来回摇动，孩子睡在摇床内可以睡得安稳，这样可以减轻母亲哄孩子时的劳累。

三　割礼

割礼，是村民按照维吾尔族习惯在男孩子小的时候要进行的一次重大礼仪活动。割礼维吾尔语称为"逊耐提托依"，是维吾尔男子人生中的一次重大礼仪。割礼就是将男孩子的阴茎包皮切除，这是符合卫生要求的一个好习俗。按照习惯举行割礼的时间一般是在单月单日，受礼男孩的年龄也为单数，一般是5岁或7岁，多在春秋季节进行。举行割礼时要宴请宾客，受礼小孩要穿上新衣服，由大人带着到亲朋好友家中送请柬，接到请柬的人在受礼者的身上别一条彩布，最后受礼者的身上挂满了五颜六色的布条，前来参加割礼的客人都会带来礼物表示祝贺。

割礼在单独的房间内进行，房间事先必须打扫干净，床上的被褥也要换上新的，拒绝女性进入。施术者身穿一件长袖衣服将锋利的手术刀藏在长袖内，开始时脱去男孩下身衣裤，用手抚摸着小孩的阴茎包皮，给孩子讲故事以分散他的注意力，乘其不备快速用夹子夹住包皮，并用利刃切除生殖器包皮，再用棉花烧成的灰撒在伤口上以防止流血过多。当受礼者感觉疼痛时，助手将剥好的大枣或煮熟的鸡蛋塞进孩子的嘴里，等孩子把嘴里的东西吃完剧痛已经过去。这都是农村的土办法。现在除少数人家的孩子仍在家中举行割礼外，大部分村民更愿意到乡卫生院或县医院为孩子进行割礼手术，这样既减轻了痛苦、避免了伤口感染，又提高了手术的质量。

四 婚礼

婚礼，是村民为男女青年互相结合并组成家庭的一项最重要的礼俗。结婚之前，男女双方须到婚姻登记机关进行结婚登记并领取结婚证。举行婚礼仪式的前一天，男方要把准备宴请宾客的东西送到女方家，一般有活羊、大米、清油、胡萝卜、茶叶、糖果、盐、柴、煤等。彩礼和仪式所需要视男方家庭条件，要求过高为舆论所不允许。举行婚礼的日子确定后要通知亲朋好友，邀请其届时参加。举行婚礼的早上要举行念"尼卡"仪式。念尼卡仪式是一种带有宗教色彩的礼俗，由伊玛目主持。在检验了由民政部门颁发的结婚证后，伊玛目宣布仪式开始，于是伊玛目开始念经，然后分别询问新郎和新娘是否愿意与对方结为夫妻，新郎一般都会爽快回答"愿意"两个字，而新娘则要做含羞状，在追问之下才红着脸从口中艰难挤出"愿意"两个字，伴娘们大声地复述新娘的话。此时主持人拿出准备好的两块泡了盐水的馕让新郎新娘吃下，比喻两人从此像盐水和馕一样永远不分离，也象征着这一对新人新生活的开始，在场的客人们都分别为这一对新人祝福，为他们欢呼。

念尼卡仪式是早晨在娘家进行的，结束后新郎回家准备迎亲。新娘则打扮得如花似玉，头蒙面纱在家中等候迎亲队伍的到来。新郎和新娘家中都充满了喜庆的气氛，宾客们在音乐的伴奏下相邀共舞。下午5时正，新郎穿着整齐的礼服，在亲友们的陪同下来到新娘家门口，新娘的女友们立即关上大门，向新郎索要礼品，得到礼品后才让新郎及其随行人员进门迎亲。新娘要流着泪水与家人告别，以示舍不得离开父母。到了新郎家里，参加婚礼的客人们欢聚一堂，在音乐的伴奏下唱歌跳舞，一起向新婚夫妇祝福。

第二天，新郎和伴郎要一起到岳父母家，向他们行礼问好。与此同时，新娘要到公婆处行礼问好。两家人之间相互问好，以示结为了亲家。若有远方来的客人和亲戚朋友，新郎和新娘家会强力挽留，让他们继续为新婚夫妇祝福。过几天后，远方的客人们才会一一离去。一周之后，新郎和新娘会一起回娘家，慰问父母以示感谢。

守努提一村村民在举行婚礼方面，比以前有了很大的进步，一是现在经济条件好了，举办婚礼时邀请的朋友多了；二是婚礼场面比较隆重，一般都有歌舞晚会；三是陪嫁比原来也好多了，现在除金银首饰、被褥之外，有的还有摩托车、电视机、电冰箱、洗衣机等现代生活用品。

第二节 节日礼俗

守努提一村村民全部都是维吾尔族人，并且又都信仰伊斯兰教，所以村民按照维吾尔族和伊斯兰教的传统，要过以下几个节日，肉孜节（又称开斋节）、古尔邦节（又称宰牲节）、诺茹孜节。

一 肉孜节

肉孜节也叫开斋节，是新疆信仰伊斯兰教的穆斯林群众的一个重要节日。伊斯兰教历十月一日举行。伊斯兰教规定每个成年穆斯林在斋月期间必须封斋一个月，封斋期间每日只吃两餐饭，并且是在日出前和日落后进餐。肉孜就是封斋的意思。传说古时候人们为了躲避战争侵犯就躲在深山里，白天不生火，月亮出来以后才开始做饭吃，历代沿袭，成为习俗。在新疆人们把开斋节称作肉孜节，一般是在每年伊斯兰历的九月，所以，有人也把这个月称作斋月。封斋的天数并不固定，有时是29天，有时是30天。斋月期间平时抽烟的人也要戒烟，并要克制私欲和邪念。但小孩和老弱病残者可以不封斋，妇女在经期中也可以不封斋，但要节制饮食，绝不能在公众场合吃喝，有病的人或赶路的人可以不封斋。

肉孜节这天村民一般都起得比较早，因为，这象征着斋月的结束，人们可以互相拥抱问候，恢复朋友和亲友之间的联系。人们穿着节日服装，到处显示着欢乐的景象。开斋节是阿拉伯语"尔德·菲图尔"的意译。开斋节的晚上人们可以欢笑饮食，左邻右舍可以团聚一堂，甚至行路的陌生人感到饥饿时，随便走到素不相识的人家都会受到主人的热情款待。有些青年男女常会选择节日期间举行婚礼。节日期间举行的麦西来甫、叼羊、拔河等活动，不分年龄大小，不分男女老少都可以参加。

二　古尔邦节

古尔邦节也是信仰伊斯兰教的新疆少数民族的一个传统节日。古尔邦是阿拉伯语，意为敬献牲畜。是根据阿拉伯地区的伊斯兰教传说演变而来。过古尔邦节的时间是伊斯兰历每年的十二月十日。古尔邦节这天早晨，村民们要穿戴整齐来到清真寺举行会礼叩拜。会礼结束后，在条件好的地方，每人要宰一只羊，七人合宰一头牛或骆驼，所宰之肉要分成三份，一份自己食用，一份送亲友邻居和招待来客之用，一份济贫施舍。

"古尔邦"含有"牺牲"、"献身"的意思，所以人们把这个节日又叫"牺牲节"、"献牲节"或"宰牲节"。古尔邦节起源于一个伊斯兰教故事：相传在很久以前，先知易卜拉欣对安拉无比忠诚，并常以牛羊作为献礼，人们对他的行为大惑不解，易卜拉欣表示，倘若安拉降示命令，即使牺牲他爱子伊斯玛仪，他也绝不含糊。安拉为了考验他，便在夜里降梦给伊卜拉欣叫他把自己的儿子献祭。于是他向儿子说明情况就把儿子带到麦加城的一个山谷，正当易卜拉欣准备动手时，安拉派使者用一只黑头绵羊替代了伊斯玛仪。因此，在过古尔邦节时信仰伊斯兰教的穆斯林每家都要宰只羊，家里太穷宰不起羊的也要宰只鸡。

古尔邦节是维吾尔族的一个重大节日，但它与现在的公历是不对应的，所以每年的日子并不固定。因为伊斯兰教使用的历法中以太阴历用于教事，一年354天或者355天，跟四季的轮回总相差十来天。穆罕默德入主麦地那的第二天（即公元622年7月16日）为伊斯兰教历的元年元旦。由于"古尔邦节"与"肉孜节"的日期与公历之间的差异，因而也使这些年节有时在冬天，有时在夏天。临近古尔邦节的时候，家庭主妇都比较忙，她们要做大量的油炸馓子和各种精美点心，为节日期间串亲访友的宾客准备好充足的美食。盛大的节日也是主妇们的手艺与持家德行的大展示和大竞赛。古尔邦节期间大家都要相互串门贺节，每到一户，主人必会为客人端上一盘清炖大块羊肉，而客人即使吃得再饱，也得尝尝主人家的羊肉。亲朋好友相聚，有的还要弹琴、唱歌、跳舞，到处是一派欢乐的景象。古尔邦节这一天清晨的礼拜，是一年中规模最大的一次礼拜，所有的成年男子都得去当地的礼拜寺参加聚礼，聚礼之后，维吾尔族都要表演麦西来甫以欢庆节日。

三　诺茹孜节

诺茹孜节是一个十分古老的传统节日。"诺茹孜"一词意为"春雨日"。每年 3 月 22 日举行诺茹孜节。维吾尔族在信奉伊斯兰教以前，非常崇拜天神、日神、月神、星神、水神、地神、火（灶）神、祖先神等。在他们看来，星神是掌握人类命运祸福的主神，其中白羊星是造福人类的主神之一，而双鱼星则是人畜的病源。所以白羊星升起时，举行诺茹孜节。

维吾尔族把一天分为日出更、午时更、日落更、星现更、午夜更和黎明更。诺茹孜节这一天，村里的男女老少着民族盛装举行各种节日活动。一般是家长首先起床，在房屋正中燃烧起一堆松柏树枝，将冒烟的树枝在每人头上转一圈，预祝他们在新的一年中平安快乐。然后，家长把冒烟的松枝带到牲畜圈门口，让牲口在烟上通过，祈求新的一年里，牲畜膘肥体壮，迅速繁殖兴旺。

节日当天，村里家家户户要用多种粮食和食物，加上多种佐料煮成稠粥。叫做"诺茹孜饭"，做这种饭时不宰牲畜。从当天午时更起，村民便相互祝福，到日落更以后，每户请客吃饭，男女老少分别跳舞和唱歌，尽兴表达对新春的欢悦之情。有时还会举行木卡姆和麦西来甫歌舞表演。诺茹孜节过后，紧张的春耕生产就开始了。

另外，我们在村里了解到，现在村里的一些年轻人除了过传统节日之外，现代节日（情人节、圣诞节等）、法定节日（国庆节、劳动节、儿童节等），大家也都积极参与活动。不管怎样，人们都是为了图个热闹。

第三节　交往礼俗

在守努提一村，村民之间有很多比较讲究的礼仪，他们对人不论是认识还是不认识，见面时都会非常友好地互相问候。

一　问候礼

在守努提一村，人们见面时一般都会把右手放在左胸前，点头、鞠躬施礼，并说"萨拉木里坤"（是祝福之意）。如果一个人碰到几个人或几十个人时，他对每个人都要点头、鞠躬，把右手放在胸前，同时也要说"萨拉木里坤"。若遇到尊贵的客人或长者，则要把双手交叉放在胸前，并点头、鞠躬，表示对长者的尊重和礼貌。妇女见面时，则相互拥抱，左脸面贴一下，并说"萨拉木"，长者见到晚辈时，晚辈要先施礼，老人见到小孩时，小孩要先叫老人的称呼，老人则要吻小孩的脸蛋和额头。

二 握手礼

现在，守努提一村年轻人见面时大都行握手礼，并说："亚克西塞斯姆孜"（你好的意思），而且越来越多的村民用这种方式行见面礼。如果见到很多人时，不管认识不认识，都要一个一个地握手问候。

三 待客礼

维吾尔族是一个十分好客的民族，客人来到，主人早早站在门口热情迎接，并邀请客人上炕就座。主人会依程序招待客人，先端一个盆，拿一个壶和一条毛巾，给客人手上倒水洗手，然后铺上餐布，并端出馕、方糖、冰糖、葡萄干、杏干以及自己制作的各种点心和各种时令新鲜水果，再送上一杯香茶请客人享用。这只是为交谈而准备的佐餐，他们还要另行准备饭菜，一般是抓饭或者拌面，客人除非有特别的安排，否则不吃就走会被认为是失礼。客人吃完饭后，一般会双手指尖相对，从脸面前部（距脸面约1厘米）自上而下做"都瓦礼"，并要说，感谢赐予我们食物之类的话。

第四节 生活习俗与禁忌

一 衣着习俗

守努提一村村民都是维吾尔族人，其民族服饰样子很多，花样精致美丽，大多数人都喜欢穿传统服装，特别是妇女，都穿长裙。但随着社会的发展，从市场上购买衣服也已经很普遍了。一是因为市场上的东西很全，品种很多，选购的余地比较大；二是经济发展了，人们的经济收入提高了，人们再不用自己纺线织布那么麻烦了；三是年轻人都有追求时尚的愿望。

图 6 - 1　妇女一般都喜欢穿由裁缝制作的维吾尔民族服饰

1. 帽子

守努提一村的维吾尔族男子都有戴帽子的习俗。一般夏季戴四角形的花帽，冬季戴皮帽。村民所戴花帽品种和样式很多，颜色和做工都非常精美。冬季所戴的皮帽子都是按照库车贡羔帽的要求作的。库车的贡羔帽在过去是贡品，现在也是非常有名的上等佳品。库车羊羔皮毛松散，多为环形、半环形，大花多，花纹清晰，毛卷坚实，色泽油亮，羊羔生下后，选毛色黑紫油亮、毛卷美观者，在两天之内宰杀，即为名贵的库车羊羔皮，是制作贡羔帽的高级材料。

2. 艾迪莱丝丝绸服装

艾迪莱丝丝绸服装，是一种用维吾尔族自织的传统丝绸做成的服装，其图案质朴大方，色彩艳丽。村里女性无论长幼都有用艾迪莱丝面料做成的衣裙，主要是在逢年过节或者聚会时穿。艾迪莱丝丝绸是采用古老的扎经染色法工艺，按图案的要求，在经线上扎结进行染色的一种丝绸面料。艾迪莱丝丝绸图案纹样据说是古代维吾尔人信奉萨满教崇拜树神、水神的宗教意识的反映，也有人说是巴旦木纹、梳子纹以及民族乐器变形纹样。

关于艾迪莱丝丝绸的来历还有一个美丽的传说：相传有个维吾尔族姑娘名叫海里曼，她从小无依无靠，以织锦为生。快到古尔邦节的时候，她打算为自己织一块锦绸做裙子。她采来石榴花、沙枣花、海那花，用花瓣的汁液染出五彩的丝线，精心纺织彩绸。经过几个昼夜的辛勤纺织，彩绸织好了，纹样粗犷奔放，色彩非常艳丽。一阵大风刮来，彩绸随风飘去，姑娘追到河边，她惊喜地看到：彩绸在水中的倒影，更加妙不可言。海里曼照水纹模样先扎染经线，然后织上色彩各异的纬线，异彩纷呈的水纹彩绸就织好了。用这种彩绸做衣裙不但衣服好看，而且能使女人更加美丽动人。

3. 绣花服饰

维吾尔族是一个非常喜欢花卉的民族，他们的服饰上一般都绣有各式各样的花卉图案，妇女们穿的长外衣、短外衣、背心、裙子、衬衣上都绣有花卉图案，甚至男子的服装上也绣有花纹，尤其是青年男子喜欢穿一种套头的衬衣，上边绣有很多碎花纹，穿上这种衣服，小伙子显得非常英俊帅气，也体现出男子的活力与潇洒。

4. 居瓦

居瓦是维吾尔族人冬天穿的皮大衣。居瓦的材料一般选用黑色的长毛羊皮，并且制作时皮朝外，毛朝里，外面不挂任何布面。居瓦比较暖和，这是冬天出门时必须要穿的衣服，在冬季赶马车或毛驴车上路时必须备一件居瓦，即使在野外过夜，这种又长又宽又大的皮大衣既可以当被子，又可以当褥子，更是防潮保暖的好东西。不过，这种居瓦现在已不太流行了，一是因为守努提一带地处塔里木盆地边缘，气候变暖，冬季寒冷天气比过去少了；二是这种居瓦做起来比较麻烦；三是现在人们的经济收入提高了，人们购买现成衣服的多了。

5. 鞋靴

在守努提一村，维吾尔族村民经常穿的鞋靴主要有"玉吐克"（皮靴）、"去如克"（皮窝子）、"买赛"（软靴）、"开西"（皮鞋，类似套鞋，多在夏季穿）、"喀拉西"（套鞋）等。鞋靴多用牛羊皮革制成，男女青年都喜欢穿"玉吐克"，老年人喜欢穿"买赛"，外面加穿"喀拉西"。过去的喀拉西多是用皮子做成的，现在则普遍用橡胶或人造革皮制作。妇女的靴子上有各种各样的花纹。

6. 黄金饰物

维吾尔族妇女非常崇尚黄金，几乎每个成年女性都有一件或几件黄金首饰，在村里，我们看到妇女们经常戴着金戒指、金耳环、金发饰等漂亮而又富贵的黄金制品。尤其是参加婚礼和各种喜事时，妇女们都会尽可能多的戴自己的首饰，有的甚至双手都戴满了戒指，每个人都打扮得很高贵富有。她们认为戴首饰越多的女性，她的家境越好，她的社会地位和身份也就越高，因此，拥有黄金饰物的多少，成为衡量一个家庭是否富有和社会地位高低的标准。

二　饮食习俗

守努提一村的村民在饮食方面主要以面食为主、大米为副，肉以羊肉为主、牛肉为副，吃蔬菜不多。村民常吃的面食主要有馕、拉条子、薄皮包子、饺子等，大米主要是做抓饭。

1. 食物

（1）馕。馕是村民的主要食物，无论哪一家，都是每顿饭必备的食物。即使从整个新疆来看，馕也是一种非常独特的食品。馕有大馕、小馕、薄馕、肉馕、油馕、芝麻馕等很多品种。馕是由馕坑烤制而成的一种饼状食品。

打馕前，先要用一个大盆盛上精细面粉，倒入适量的清水和面，经过反复揉搓，倒入少许清油，有的还会在和面时加入鸡蛋或奶油什么的，当面不会黏手时，就意味着面已基本和好了，这是第一步。

第二步是发面，就是把和好的面放在盆子里，上面先盖一层塑料布，上面再用湿布盖好，然后再盖一条较厚的褥子在上面，大约 4 ~ 5 个小时后，面就发好了，这时候开始打馕。

第三步是给馕坑生火。在发面期间，首先是打扫馕坑周围的卫生，准备好打馕所需的柴火、工具（主要是馕托和扎花的工具，还有从馕坑取馕的铁钩子）后，便点火烧馕坑。馕坑约一米高，是用黏土做成的，形似倒扣的水缸，周围用土块砌成方形土台。其次是准备打馕时要用的佐料，主要是盐水、清油、芝麻、葱花和切好的皮芽子（即洋葱）等。

第四步打馕。待馕坑烧好之后，将化好的盐水用手蘸着淋洒一些在馕坑内壁上，主要是起到增强黏附力的作用。一个人站在馕坑边上等着贴馕饼到馕坑的内壁上。另一个人在里面，先是从面盆里揪出一块面放在案板上揉匀后擀成薄饼状后交给站在馕坑边的人，由其再给馕坯用一种扎花工具扎上花，抹上油，粘上芝麻、皮芽子（洋葱末）后，将馕坯在手上转两圈，馕坯会更薄，然后放在馕托上，用馕托将馕坯贴在馕坑壁上。在馕坑内壁上贴满馕坯后，给馕坑口上盖一个铁皮盖子，等几分钟后，馕就熟了，用一个铁钩子钩出来就可以吃了。刚打出来的热馕特别的香脆好吃，并且耐放而不易变质。

（2）拉条子。拉条子即手拉面（又称拌面或菜盖面），是新疆别具特色的大众面食。它是把面和好，搓成指头粗、5~10厘米长的面剂子，抹上清油放在盘子里面，过1~2个小时后，开始把面剂子拿出来，拉成细长细长的面条子，放入开水锅中煮熟，捞出后配上烩菜或小炒肉即可食用。一般有过油肉拌面、碎肉拌面、辣子肉拌面、皮芽子炒肉拌面、韭菜炒肉拌面、豆角炒肉拌面、茄子炒肉拌面等十几种。拉条子是维吾尔族家庭十分喜欢吃的家常饭，一个星期不吃会感到难受，它经济实惠，而且吃上之后非常结实耐饿。

（3）抓饭。抓饭在维吾尔语中被称为"波拉"，因用手抓着饭吃而得名。抓饭用大米、胡萝卜、洋葱、清油、羊肉为原料，先炒后焖，油亮生辉，香气诱人，营养丰富。逢年过节，婚丧嫁娶，招待远方客人，抓饭都是最好食品。其中胡萝卜有小人参之称，具有补气生血、安神益智的作用。洋葱则含有蛋白质、脂肪、胡萝卜素等多种维生素，把这些东西混在一起就成了十全大补饭了。

（4）烤包子。维吾尔族把烤包子叫"萨木沙"，烤包子是在馕坑里烤出来的，做包子的面皮子擀得很薄，包子里的馅是把羊肉和羊尾巴油放在一起剁成小丁，再拌上洋葱、孜然粉、胡椒粉混合而成。做好包子后，往馕坑壁上撒一些盐水，把包子一个个贴在馕坑壁上，十分钟就熟了，烤好的包子色泽黄亮，肉嫩味鲜。

（5）薄皮包子。这是村民非常爱吃的一种风味食品，薄皮包子的馅和烤包子的馅相同，面也是死面，只不过烤包子是在馕坑里烤出来的，而薄皮包子是在蒸笼里蒸出来的。包子的馅用肥肉和瘦肉搭配，蒸出来后吃上特香。

（6）烤羊肉串。把羊肉切成薄片，用特制的铁扦子（有的是用红柳枝削成的扦子）把4～5片肉串在一起，放在燃烧着炭火（无烟煤或梭梭木）的烤肉槽子上烤，一边烤一边给肉上撒些辣椒面、细盐、孜然粉，几分钟后肉就烤好了。其色焦黄、油亮、不腻、不膻，嫩而可口。

（7）羊杂碎。村民不但喜欢吃羊肉，而且对吃羊杂碎也十分讲究。一般是宰羊后，把羊杂碎洗干净，然后做成面肺子和灌米肠。方法是：把洗好的羊肚子缝在羊肺管上，向羊肚子里灌入面浆，再把面浆挤入肺叶中，灌满后扎上口，再行蒸煮，就成了好吃的面肺子。再将羊肝、羊心、羊肠油、洋葱切碎，与洗净的大米，加上精盐、胡椒粉、孜然粉和水搅匀拌成馅后，灌入羊肠，两头扎紧，煮熟后切成片或切成块，拌上调料即可食用，香甜可口，非常好吃。

另外，还有油炸馓子、烤全羊、油塔子、汤饭等食品，都是村民比较喜欢的饭食，有时他们还可能要做一些糕点等小食品佐餐。

2. 饮品

（1）茶，是维吾尔族群众日常生活中必不可少的饮料，喝茶主要是为了解腻和解暑，无论是坐在炕上闲聊，还是饭前饭后，热情的主人总是不停地倒上一碗碗热茶。这与新疆的地理环境和民族生活习惯有关。一是新疆沙漠戈壁面积大，雨量少，对生活在这种干旱地区的人们来说，茶水成了一种补充体能的必需品。二是新疆蔬菜少，肉食多，喝茶既可以补充蔬菜中的营养，也可以帮助消化，故有"宁可一日无食，不可一日无茶"之说。走亲访友时带上一包或几包砖茶或方糖，主人将会非常高兴。

（2）酸奶，是维吾尔人解暑解腻、消暑解渴、帮助消化的最佳饮料。制作方法是将鲜牛奶加热消毒后，放凉至40℃左右时加入一些现成的酸奶做引子，搅匀后盛入干净的小碗，在夏天放置8小时左右就做成了非常好喝的酸奶。

（3）刨冰，是指将冬天河里结冻的厚冰，截成50厘米×30厘米×20厘米的冰块，用毛驴车拉回来之后，放到家里的地窖中储存，在夏天热的时候，将冰块从冰窖中取出，从冰块上用力铲刨冰，然后再加上果汁或酸奶，消暑解渴非常好。

（4）奶茶，取鲜奶加入少量砖茶，放一点咸盐，熬煮一阵之后即可饮用，冬天喝奶茶，可以增加身体热量，抵御严寒。

（5）木赛来斯，是用鲜葡萄汁为原料酿制而成的一种饮料。做法是把鲜葡萄摘下后放入盆中或木桶中，揉搓挤出葡萄汁，然后用纱布过滤，再倒入锅中，放入适量的鸽血、苁蓉、人参、鹿茸、蜂蜜等，再加入一些水，一般用10公斤葡萄汁加20公斤水，用文火再熬成10公斤的汁，熬好后过滤倒入洗净的缸中，加盖封口后置于通风朝阳之处让其发酵，约40天左右即成。其味酸甜，气味芳香，营养丰富，有补气、壮阳、养生等功效。

3. 瓜果

守努提一村人常吃的瓜果主要有西瓜、甜瓜、葡萄、杏子、无花果、桃子、蟠桃、核桃、红枣、石榴等。

（1）葡萄。守努提一村人家家都在庭院中栽有葡萄，因为在葡萄的棚架下面是人们夏天乘凉的好地方，且葡萄由于日照时间长而含糖量高，人们特别喜欢。到了秋天的时候，满架的葡萄，果实饱满，甜美诱人。

（2）杏子和杏干。守努提一村的杏子特别好吃，全国闻名，也就是库车小白杏。这种新鲜的小白杏刚下来的时候非常好吃，但由于它的采摘时间非常短，人们吃不完害怕变坏，就利用当地充足的日照和干热的气候，把杏子晒成杏干，可以保存很长的时间，供人们常年食用。

（3）甜瓜（也叫哈密瓜）。据说清朝皇帝品尝了哈密王进贡的甜瓜后，觉得异常香甜，于是问该瓜产于何处，有一位大臣想到这是哈密王进贡的，于是回答是哈密，从此以后，哈密瓜一名就在全国传开了。当地人因其糖分极高，特别香甜，因此人们一般都将其叫甜瓜。甜瓜的品种主要有黄蛋子、青麻皮、金皇后、香梨黄等，甜瓜的营养价值很高，果实中除含有碳水化合物、蛋白质、糖类成分外，还含有钙、磷、铁等微量元素及维生素。盛夏季节，将甜瓜切成几瓣，削去瓜皮就地摊放在芦席上，待一面晒干后，再翻晒另一面，就成了瓜干。甜瓜还可以加工成瓜脯、瓜罐头等。

三　生活禁忌

在长期的生产生活实践中，由于各种原因，维吾尔族在生活习惯方面形成了一些生活的习俗和忌讳。如饭前饭后必须洗手，洗完后不能乱甩水珠。做客时，在炕上不能双腿伸直脚底朝人，而要将腿盘着。吃饭时将馕、饼、馍分成小块放在盘中，不能将整个馕拿在手上吃，客人不可随便拨弄盘中的食物，不能随便到灶台跟前去，一般不把食物剩在碗中，吃完饭后离席时不能从人前走过，必须绕到人后走。吃饭或与别人交谈时，最忌讳吐痰、抠鼻孔、掏耳朵、剪指甲等。饮食上禁止吃猪肉、狗肉、驴肉和动物的血，以及自死的动物等。

第七章 新农村建设

第一节 新农村建设概况

一 国家的新农村建设政策

社会主义新农村建设，是我们党和国家从我国的基本国情和发展阶段出发做出的一项战略安排，是持续数十年、惠及数亿农民、全面提升我国现代化整体水平的一项重大而又艰巨的历史任务。

新农村建设涵盖农业生产、农民生活、农村管理、村镇建设、社会事业、国土整治等方方面面，需要一整套完备的政策体系作支撑。2006 年农业部副部长尹成杰指出：关于建设社会主义新农村，党的十六届五中全会提出了生产发展、生活宽裕、乡风文明、村容整洁、管理民主的总体要求。这五句话 20 个字描绘了社会主义新农村的美好蓝图。这也概括了我国社会主义新农村建设的内涵和任务，它表明建设社会主义新农村的经济建设、政治建设、文化建设、社会建设和党的建设是一个有机的整体。尹成杰还指出：我国今后将采取六项措施积极推进新农村建设。一要加强农村生产力建设。加大财政投入，加强农业、农村基础设施建设，转变农业增长方式，提高农业综合生产能力，繁荣农村经济。二要千方百计增加农民收入。广大农民最关心的还是收入，要把增加农民收入作为新农村建设的中心任务，广开增收渠道，挖掘增收潜力，积极促进农村富余劳动力转移，拓宽农民的就业领域。三要进一步扩大农村基层民主。实行村民自治制度，建立健全农村的民主制度，维护广大农民在经济社会发展中的知情权、参与权、管理权和决策权。加强农村基层组织建设，特别是发挥农村基层党组织的领导核心作用，为新农村的建设提供坚强有力的政治保障。四要进一步加强农村精神文明建设。加快农村文化教育和卫生事业的发展，培育健康向上的社会新风尚，培育新型农民，提高广大农民的科技文化素质。五要加强农村的社会建设和管理。要加快农村的社会服务建设，特别是加快发展农村的教育和医疗卫生事业，解决农民最关心、最直接、最现实的利益问题，关心群众生活，促进社会和谐。六要进一步深化农村的各项改革，稳定和完善农村的基本经营制度，推进乡镇机构改革和管理体制改革，进一步完善农村经营制度，创新农村经营体制，为农村经济社会发展提供强大的动力。

二　加强新农村建设，提高村民的生活质量

随着库车县经济的快速发展，财政收入的增加，县委县政府大大地加强了对农村基层基础设施建设投入。

1. 加强了农村基层组织的村级阵地建设。农村基层组织在土地联产承包责任制实行过程中，有了很大的削弱，致使出现了许多与经济建设不相适应的情况。为了加强基层组织建设，牙哈镇在 2006 年年初结合新农村建设，制定

图 7 - 1　正在建设中的村委会和村民会议室

了《村级阵地建设实施方案》。其中明确提出要使全镇 24 个行政村的村委会面貌焕然一新。为确保目标任务的完成，镇党委书记不但作为全镇村级阵地建设的第一责任人，而且把各村支部书记作为直接责任人，并且由镇政府直接与施工单位签订了施工合同，还专门聘请县抗震办、县质检站工作人员不定时地对各村的阵地建设工程进行监督检查，从而有效地保证了工程的质量和进度。守努提一村的村委会就是在这种情况下建设的，我们在调研时，建设工程尚没有完工，但主体工程已经完成。2010 年 6 月再到村里去时已经完全搞好了。

　　2. 加强了农村道路改造，解决了村民出行难的问题。随着国家"村村通"工程的实施，守努提一村也在 2005 年通上了柏油马路，交通状况得到了改善，到每个村民小组也都十分方便。村民的交通工具也有了很大的改善，主要是毛驴车、马车、摩托车、三轮摩托、小四轮拖拉机和为数不多的汽车，其中毛驴车是应用最普遍而且拥有量最大、

图 7 - 2　建设完成后的村委会是村基层组织的主阵地

最具民族特色的交通工具。村民家里大多数都有毛驴和毛驴车，主要是用于供家人外出、赶集、办事之用，到农忙或收获季节，毛驴车就整天往返于家里和农田之间。毛驴车不用烧油，也不用烧气，它是最环保的绿色交通工具。毛驴车在平坦的道路上忽快忽慢地跑着，坐在车上的人随着毛驴车的上下晃动，毛驴脖子上的铃铛叮叮当当地响着非常好听，也非常好看。

3. 加强了小城镇建设，以增强对周围农村的辐射带动作用。牙哈镇在进行小城镇建设和新农村建设过程中，狠抓了城镇基础设施建设，从而使镇容镇貌得到很大的改观。一是投资 360 万元对镇区内主要道路进行了改建扩建和绿化，并对镇区主要村级道路铺设柏油路面 35 公里。二是新购垃圾车、洒水车和消防车各一辆，购置了 160 个垃圾桶，为镇区环境卫生保护打下了坚实的基础。三是持续开展

"双改"活动。经技术指导，全镇采取各类优惠措施，完成新式厕所 220 所、沼气厕所 290 所，促进了创建清洁乡镇的步伐。四是投资 150 万元建设农副产品集贸市场一期工程，为农民进行农副产品交易提供了方便。五是加强了供排水管网和水利设施建设工作，充分利用地上、地下水源，干旱期间也保证了农业生产的正常进行。牙哈镇在 5 年里将 25 公里长的主水渠改成了防洪渠，动员各村平整土地 12500 亩，新修闸口桥涵 112 个，保证了农业灌溉用水，有效地提高了牙哈镇各村的土地利用率。抗洪工作中维修了林基路水库、喀浪沟、劳尔勒水渠 2.7 公里的永久性防洪坝，巩固了克日西水库、依西提巴赛尔水库，水利建设工作中取得了明显的成效。六是完成了村村通电、村村通广播的村村通工程，使广播覆盖率达到了 98％ 以上。

4. 加强治安防控，促进了社会的和谐与稳定。搞好平安建设、维护社会稳定、促进社会和谐、加快经济发展、切实改善民生，是平安建设的根本目的。自平安建设开展以来，在牙哈镇的领导下，全村始终坚持以"三个代表"和"科学发展观"为指导，着力提高维护社会稳定和驾驭社会治安局面的能力，努力构建和谐稳定的社会环境，为人民群众生产生活提供良好的工作生活平台。一是镇、村、组、农户层层签订综合治理、宗教事务管理、出租房屋管理等 15 类责任书。二是成立了以村党支部为核心，以治保会、调委会、十户联防、民兵组织等为骨干的基层防范组织网络。三是加大了对重点区域和时段的控制力度，确保辖区社会治安的稳定，提高人民群众的安全感。

5. 加强精神文明建设，提高村民的道德素养。从"抓素质、抓建设、抓整治、抓载体"入手，着力开展了"平安创建"活动。一是积极开展"共建诚信"活动，表彰了公民道德建设月期间涌现出的模范标兵。二是根据牙哈镇的安排，在各村之间开展了创建文明村活动，并被评为先进文明村。

6. 加强基层党组织建设，带领群众致富奔小康。抓好村干部及"三老"人员待遇落实，在职村干部解决了养老保险和人身意外伤害保险，充分调动村干部的工作积极性。突出抓好村级组织规范化管理工作，促进农村各项工作的程序化、制度化、规范化。进一步提高了村务公开和民主决策、民主管理的工作水平，健全了村务公开制度，保障了广大农民群众的知情权和监督权。给无职党员设岗定责，把一些文化素质高、政治责任心强的党员调动起来，让其担任财务监督员、计划生育监督员、家庭纠纷调解员等职务，使党员能充分发挥模范带头作用。

第二节　抗震安居工程

一　抗震安居，减灾防灾

2003 年，新疆巴楚发生了 6.8 级强烈地震，地震给当地老百姓造成了严重的自然灾害。面对地震这样的自然灾害，针对新疆城乡居民住房抗震防灾能力普遍较低的情况。自治区党委于 2003 年 12 月 15 日提出，用 5 年左右时间，在全疆范围内实施城乡抗震安居工程建设。2004 年 2 月这项工程正式启动。其目的是要让全区的老百姓都能住进抗震性能好的房子，以减少地震给群众带来的生命财产损失。

截至 2007 年 7 月中旬，新疆通过 4 年城乡抗震安居工程建设项目，实现了预期的工作目标，不仅使全区 152.2 万户城乡居民住上了抗震安居房，同时也重点解决了地震多发地区南疆四地州农村 8.26 万特困户、50.18 万贫困户、10.66 万困难户的抗震住房问题；不仅经受住了乌什县 6.2 级地震、墨玉县 5.5 级地震、于田 7.3 级地震的考验，同时也得到了党中央和国务院的充分肯定。

在落实自治区抗震安居惠民工程政策中，只有坚定不移地贯彻党的路线方针政策，才能确确实实地把党的惠民政策落实到千家万户。因为，农村住的都是干打垒的土房子，根本经不起地震等自然灾害的侵袭，因此，只有采取强有力的工作措施，才能实现各族人民安居乐业的美好期盼。

图 7-3 干打垒的土房子抗震性能比较差

一是自治区人民政府每年都把抗震安居工程列入为全疆各族人民要办的实事之一，自治区主席每年都亲自主持召开全疆抗震安居工程工作会议。各县市实行县市领导包乡镇、乡镇领导包村组，把工程进度和建房质量作为干部年终考核的重要内容，形成层层压任务、人人担重任的工作机制，确保建房任务、补助资金、质量监督、技术服务到村到户。

二是在国家的大力支持下，自治区逐年加大工程建设资金投入。2004 年投入 1.67 亿元、2005 年投入 3.41 亿元、2006 年投入 5.16 亿元、2007 年又投入 8.86 亿元。4 年中全区共计投入抗震安居工程建设资金 321 亿元。其中城乡居民自筹 286.27 亿元，国家支持 11 亿元，自治区财政安排 8.1 亿元，地县筹措 4.95 亿元，银行贷款 8.58 亿元，社会帮扶 2.1 亿元。与此同时，自治区先后三次提高南疆三地州贫困农牧民的建房补助标准，加大对地震多发区和重点贫困地区的扶持力度。自治区 228 家定点帮扶单位从人力、物力和资金上积极支持 30 个重点贫困县 638 个贫困村的抗震安居工程建设。

三是严把质量关，切实把惠民工程办好办实。2007 年自治区在全疆组织开展了抗震安居工程"质量年"活动，重点整治一些乡村民房建设不按设计要求施工、基础埋深不够、砂浆标号不达标、随意变更构造柱和圈梁、泥砌砖墙水泥勾缝、使用不合格预制空心板等质量问题。自治区还组织有关部门专家和工程设计人员通过开现场会、参观学习等方式，充分利用当地资源，降低建房成本；推行抗震保温环保，施工简便易行，造型美观大方，群众普遍欢迎的新型建房模式。并对深怀爱民之心，恪守为民之责，脚踏实地，真抓实干，尽心尽责为群众办实事、做好事，受到群众赞誉的 311 名基层干部予以通报嘉奖和表彰。从而使抗震安居工程建设和新农村建设形成了有机的结合，使农村的村容村貌得到了很大的改变。

图 7-4　村民的抗震安居房分别建在道路两旁以便于出行

四是整村推进，拆旧建新，使农村面貌焕然一新。全疆各地在按照"统一规划、整村推进、拆旧建新"的要求，在抗震安居房建设过程中，实行一户一户地建、一线一线地连、一片一片地推的工作模式，把抗震安居工程建设与农村"五通"（即通水、通电、通路、通通信、通广播电视）相结合，明显改变了农村过去那种用土块干打垒、院落之间互不相连的落后面貌，有效地改善了农村的人居环境，塑造了一个崭新的农村新家园，实现了农民群众安居乐业的目标，为当地新农村建设打下良好基础。

二　守努提一村的抗震安居房建设

守努提一村根据库车县和牙哈镇的统一安排，也进行了抗震安居房的建设。现在全村所有的 304 户人家全部住上了抗震安居房，并且按政策兑现了抗震安居房建设补贴资金，最少的补贴 1800 元，最高的补贴 4000 元。抗震安居工程以群众自筹资金和银行贷款为主，政府给予适当补贴的办法实施。为确保工程实施，自治区政府从 2004 年开始，政府资金主要用于补贴农村贫困户建房的材料款，按户均50 平方米发放，人均年收入在 670 元以下的农村特困户建房时，每户补助 3000 元，人均收入在 865 元以下，每户补助 2000 元，不足部分由农民自筹或通过银行贷款解决；人均收入不足 1000 元的新脱贫户建房，提供贴息贷款；人均收入高于 1000 元以上的完全自筹。自治区各对口扶贫单位的扶贫投入都要向农民建房倾斜，各地也要多渠道筹措资金，与自治区和国家补贴一并使用。抗震安居房的建设全部是按照县政府和镇政府的统一规划和要求建设的，并且必须把原来的土坯房扒掉，困难户的抗震安居房是通过村干部捐资帮助建设的，所以在守努提一村已基本解决了村民的住房问题。

村民原来住的都是土木结构的平房，现在全部住上了砖木结构或砖混结构的抗震安居房。房子基本上都按规划建在公路两旁，这样便于村民出行和生产生活。在政府的帮助下，抗震安居房的抗震烈度要达到 8 度，并统一配套建设围墙、厨房、厕所、牲畜棚圈和青贮窖等工程，水、电、电话、电视等都直接入户。每户一个院子，院门大都朝向大路，大门一般都是铁门，比较宽大，主要是为了便于四轮拖拉机或较大的农用机械进出，房子都有廊檐，且多呈长方形。

村民的院落一般都比较大，院内一般都种有花草、果树和葡萄，十分整洁，正房占据院子的一侧或形成直角的

图 7 - 5　抗震安居房的围墙都抹上了水泥和涂料

两侧，房子的大小和面积的多少主要是根据经济条件而定的，经济条件好的，房子就盖得高大气派，经济条件差的房子就只能盖得小一些。房子的底部都打上了钢筋水泥地基，四周的院墙都是用砖砌在地基上的，一般都是 3 米多高，房顶一般用木料或水泥板盖起来，房顶比较平坦，便于晾晒粮食或堆放各种杂物。

　　走进村民家中，主人一般都会热情地邀请客人进屋上炕就座。那是三面靠墙的大土炕，约 30 ~ 50 厘米高，在上面铺有毛毡或毛毯，还有各色柔软的褥子。炕头上一般都有几个大木头箱子，这样的箱子一般都是娘家在姑娘结婚时给做的陪嫁，箱子上面一般都整齐地码放着被子和褥子，箱子主要装的是衣物。维吾尔族人家里的墙壁周围一般都有比较好看的挂毯，村民家庭的其他摆设一般都比较简单。

　　村民的宅基地大约有一亩左右，院子里一般都会种一些果树或蔬菜，另外，也有种花花草草的，如石榴花、鸡冠花、夹竹桃等各种花卉，五颜六色的花朵点缀在葡萄架下，使整个院落色彩斑斓，富有生机。

村民盖房子按所用建筑材料的不同，可分为土木结构、砖木结构、砖混结构。按家庭经济条件不同，住房条件也各有讲究。但房顶多为平顶，且多自成院落。村民比较喜欢在庭院内种植各种树木花草，还配有厨房、鸡窝、牛棚、羊圈等，住房朝南，便于冬季吸收阳光，室内有炕、火炉、火墙、壁龛。炕用土筑成，约50厘米高，面积比较大，约占房间的一半以上。建筑中的廊檐多有木刻艺术装饰。木刻花纹主要是几何纹和植物纹，也有根据结构外形选择适宜纹样对称雕刻的。纹样以直线条为主，刀法粗壮有力，雕饰和房屋结构的有机结合，能为建筑物增辉添彩。

图7-6　村民按照民族特色装修的住房

三 远景规划

牙哈镇还有很多远景规划，现在由于经济的原因，还未能实现，以后随着经济条件的好转和对口援疆工作的深入，相信库车县牙哈镇以及守努提一村一定会变得更加美好。

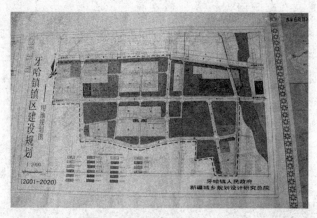

图 7-7　牙哈镇小城镇建设规划图（2001~2020）

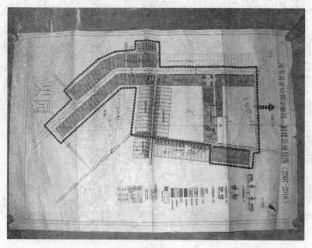

图 7-8　守努提一村的规划图（2007~2016）

附录一 创建地区文明村镇，建设社会主义新农村

——牙哈镇守努提一村创建地区级文明村汇报

牙哈镇守努提一村位于牙哈镇东南方，距镇政府6公里，全村共有农民215户、1053人，劳动力415人，5个村民小组，耕地面积4070亩，牲畜900头，有党员29名、共青团员58名，2000年12月被评为县级安全文明小区，设有一所文明村民学校，2005年被评为县级文明村。

近几年来，守努提一村两委班子在上级党委、政府的正确领导下，高举邓小平理论伟大旗帜，认真贯彻党的十六大和十六届四中、五中全会精神和党的路线、方针、政策，以创建地区级文明村为努力方向，解放思想，开拓创新，不断探索，团结带领全村党员、干部和群众，不断壮大村级经济，积极开展新农村建设，各项事业全面发展，乡村环境美化、净化、亮化、绿化，社会秩序安定，家庭和睦。2005年守努提一村农民经济总收入达到432万元，农民人均纯收入达到4102元，村集体积累达到9.3万元。

一 以党的建设为核心

党支部是农村党的最基层组织，最接近群众，贴近群众，是农村各项工作的领导和管理核心。为使党支部真正

217

发挥"三个文明建设"的战斗堡垒作用，带领群众奔小康，走共同富裕道路的示范作用，村党支部着重抓了以下几方面的建设：

一是发挥支部战斗堡垒作用。全村 29 名党员在村党支部的正确领导下，牢记党的宗旨，坚持密切联系群众，与群众同甘共苦，以良好的精神状态、饱满的政治热情和高昂的战斗意志，带领群众艰苦创业，建设社会主义新农村。这是该村党支部提高战斗力、凝聚力的体会，是创建地区级文明村的主要保证。

二是发挥党员先锋模范作用。党员是党组织的细胞，村党支部要有威信、有号召力靠的是每个党员的努力。为了提高党支部成员及全体党员的综合素质，守努提一村专门制定了《三会一课工作学习制度》、《党员教育和培训制度》等学习制度，坚持每周组织支部成员、每半个月组织全体党员集中进行一次理论学习。同时结合当前经济社会发展的实际，采取聘请党校老师、镇干部授课指导的形式，学习市场经济管理、农业技术方面的专业知识。从支部书记到支部成员都带头报名参加党校学习，并获取了中专毕业证书。为了调动大家的学习积极性，党支部还专门设立了"党员学习园地"专栏，组织党员开展学习经验交流，并举办了由全村党员共同参加的"党的知识竞赛活动"。通过这些形式使守努提一村广大党员的政治理论学习真正形成了制度化、经常化。有效地提高了广大党员干部政策理论水平和综合工作能力。同时，为了充分发挥党支部的战斗堡垒作用，增强党支部的战斗力和凝聚力，守努提一村党支部还把加强班子团结作为头等大事来抓，建立了定期谈心制度。该村党支部坚持每月召开支部生活会，开展民主评议活动和社会主义荣辱观心得交流会，通过学习使政治思想觉悟不断提高，得到了村民的积极拥护，发挥了党员的先锋模范作用，党支部的领导核心地位得以牢固树立，战斗力、凝聚力进一步得到加强。

三是充分发挥村级组织作用。守努提一村党支部、村委会一班人团结合作，分工明确，各司其职，注重发挥共青团、妇代会、民兵连等组织的作用，守努提一村现有共产党员 29 名。为了充分发挥这支党员队伍的先锋模范作用，村党支部除抓党员的学习教育之外，还采取给机会、压担子的方法，结合每位党员的特点，给无职党员设岗定责，设立了财务监督、计划生育监督岗等多种义务岗位，给每位党员都创造了发挥党员先锋模范作用的机会。同时，积极开展党员联系户活动，给每位党员分别确定了联系对象，要求党员定期上门走访，每月向支部进行一次汇报。结合党员"十带头"活动的开展，村党支部还在全体党员中开展了"一个党员一面旗，模范作用在农村，争做先锋模范党员"活动，并将全村 29 名党员划分成几个党小组，在小组与小组、党员与党员中开展争先创优竞赛。通过这些活动的开展，党员的先锋模范作用得到了有效发挥。使这些群众组织真正成为党支部联系群众的桥梁和纽带。注重民主法制建设，建立了"民主选举、民主决策、民主管理、民主监督"制度，健全了村务公开制度，将村内重大事项向村民公开，接受大家监督。工作务实创新，在群众中有较强的号召力和凝聚力，全村党员干部在群众中树立了良好的形象。

二 以新农村建设为重点

在加快全村经济发展的同时，守努提一村以推进农村城市化，全力打造现代化新农村良好的对外形象为目标，集中财力、物力狠抓了本村的环境建设，把优化居住环境，提高生活质量，建设社会主义新农村，创建地区级文明村为任期目标。为了彻底改变农村脏、乱、差的环境面貌，守努提一村从近几年开始，召集村富余劳动力拉沙石料铺路，由过去一个破旧落后的乡村变成了远近闻名的新农村，实现了几代农民盼望已久的"砖木大房，汽车电话，走路无泥巴，农村新气象"的梦想。为了维护好村里的环境卫生，村里专门成立了5人组成的专业保洁队，每周定时清扫卫生，受到村民的一致欢迎，并使该村跨入了牙哈镇环境建设示范村的先进行列，良好的村容环境不仅提高了村民的生活质量，同时还促进了本村经济的繁荣发展，通过大力开展环境整治工作，把守努提一村建设成了路平、草绿、树成荫的新村庄。

三 以三个文明协调发展为目的

守努提一村两委班子把加强精神文明建设作为提高村民素质，提高文明程度，推进农村现代化的一个重要工作任务，下大力气予以抓好，并取得了较好的效果，作为牙哈镇的县级文明村，守努提一村党支部始终坚持"两手抓，两手都要硬"的方针，在全力搞好物质文明的同时，也决不放松精神文明建设，不放松抓村民的政治思想道德教育，为了搞好村民的政治思想教育，提高村民的思想道德水准，村里专门从镇上聘请了一位政治素质较高的退休干部主抓村民思想道德教育工作，并在今年镇里举办的"公民道德知识竞赛"中荣获第二名。为了开辟思想教育阵地，村里建起了板报、八荣八耻、计划生育宣传栏。同时将计划生育、《公民道德实施纲要》及各种法律法规等内容，通过"宣传单"送发入户进行宣传。同时，还利用村里的文艺宣传队将有关内容编排成群众喜闻乐见的文艺节目，向群众进行宣传。并且在全体村民中广泛开展了评选"十星级文明户"、"十个好公民"、"文化中心户"等多项评选活动，通过这些文明创建评选活动的开展有效地激发了村民积极向上、争当文明户、争做文明人的热情，村里涌现出了一大批拾金不昧、尊老爱幼、尊敬公婆、邻里团结、主动退掉二胎指标等好典型。村民的文明素质和道德风尚不断提高。计划生育、社会稳定等各个方面都走在了全镇的前列。

1. 计划生育工作取得好成绩。村计划生育办公室广泛开展基本国策教育，提高育龄妇女的人口安全意识，积极主动配合镇政府做好一年两次的查孕、查环、查病工作。使全村计划生育符合率达到100%。

2. 文教卫生事业有新发展。积极普及九年义务教育，使全村儿童入学率达到100%，在两基教育的基础上准备新建390平方米的文体活动中心，总投资为22万元。

3. 为搞好社会福利。对烈属、复退军人、五保户、困难户、四残人员做好优抚照顾工作，每年重要节日都去慰问贫困户，使他们不被社会遗弃，并充分感受社会主义大家庭的温暖。

4. 弘扬文明，移风易俗。创建文明家庭，反对封建迷信，反对聚众赌博，反对虐待老人，提倡科学文化，遵纪守法，勤俭节约，尊敬老人，大力弘扬文明新风。进行社会公德和家庭美德教育，使村民树立生态意识，自觉养成文明卫生、环境保护的习惯。

5. 社会治安明显好转。该村健全了治保调解组织，成立了护村队，坚持晚间护村护路，把问题解决在萌芽状态。通过开展"五五普法"教育，提高群众法制意识，开展创建平安乡村和社会治安综合治理活动，使社会治安明显好转。

6. 活跃群众文化娱乐生活。全村 95% 的农户通了有线电视，村里有阅报栏，有活动中心，内设阅览室、电视室、台球室等，有适合文体活动和开展室外活动的场地，可供篮球、羽毛球、拔河等室外体育活动，投资一万多元购买了篮球、羽毛球等室外体育活动用品，积极组织并参与文体活动 10 余次。在牙哈镇第 36 届农民运动会中取得了综合奖第三名的可喜成绩。

四 以制度健全为保证

对日常管理建立了有效的管理机制，制订了《村规民约》、《综合治理目标管理责任书》、《卫生公约》等各项管理制度，做到平时工作有章可循，照章办事。几年来，守努提一村通过开展创建地区级文明村活动，取得了一些令人鼓舞的成绩，乡村环境面貌得到了较大的改善，村级经济快速发展，精神文明不断加强，但还应不断提高村民的文化素质和生活质量，力争把该村建设成为经济发展、社会稳定、环境优美、精神文明的新农村。

牙哈镇守努提一村村委会

2006 年 9 月 28 日

附录二　王磊与守努提一村村主任的访谈记录

2007 年 9 月 21 日，调研组组长王磊对守努提一村村主任许克尔·肉孜（31 岁、初中）的访谈记录。

问　请介绍一下守努提一村的一些基本情况。

答　守努提一村有 5 个村民小组，有 1304 人，279 户，全部都是维吾尔族，主要从事农业、畜牧业，有草地 3 万多亩，有耕地 3436 亩。草场全为村集体所有，去年人均收入 4362 元。

问　守努提是什么意思？

答　无人知道"守努提"的意思，原来是一个大队，后分成了一村、二村，这是人为分开的，群众是混住的，土地也混在一起。传说很早以前，一个村民拿牛奶给一个路过本村的人喝，路人边喝边说"舒坦"，叫惯了就叫成了"守努提"或"许努提"。本村以前只有十户，后来发展到现在这么多人。近 5 年来村里变化比较大，以前人们住的是土房子，大队后面都是，后迁到了路两旁，那里现在变成了耕地。

问　村里的房屋如何？交通如何？

答　本村距县城 30 公里，距牙哈镇 6 公里，2005 年铺的柏油路，是牙哈作业区铺的，以前去县里都是坐毛驴车，现在是摩托车、出租车。出租车按每人 5 元，一车拉 4 个人，要去县里时打电话约好 4 个人就行。现在村里大多数人家都有摩托车，村里有出租车 2 辆、大车有 4 辆、推土机有 8 辆、拖拉机有 150 辆。

问　村里的交通方便吗？

答　村民一般周日去镇巴扎（也就是赶集），半个小时就能到。村民到县里去时有坐拖拉机的，也有坐出租车的，不远，如果拉东西卖时一般用拖拉机就行了。

问　村里什么时候有电话的？

答　2005 年，村上有了第一部固定电话，现在有 180 部。2002 年有了第一部手机，现在有 100 多人用手机，年轻人都有，移动的信号好一些。有固话后，能与远方的亲戚通电话，知道很多市场信息。

问　村里什么时候有电视的？

答　1992 年，一户居民家有了电视机，以卖票形式让村民看。现在 200 多户人家有电视机，但现在还没有安装有线电视，我们这里能收 5 个台，分别是新和台、沙雅台、库车 1 台、库车 2 台、1 个汉语台，信号都可以。

问　村里广播喇叭的作用是什么？

答　2000 年有的，主要用广播通知事，有时用它通知人，也放广播，一天 3 次播放党和国家的政策、新闻、法律、法规，早晨 10 点播（北京时间）天气预报。村里 60% 的人家有收音机。村民们也通过电视看农业科学技术，阿克苏市林果业等，农民为了能增产增收，都愿意多掌握一些新东西，都想学习一些新知识。

问　现在人们的生活怎样？

答　原来地少粮少，现在地多粮多。人们都能吃饱饭。

原来人畜饮用的多是涝坝水，现在都用上了自来水。1996年开始铺设自来水管，1997年通水，现在村里都有自来水，贫困户也有自来水，是村里帮助解决的自来水管子。这里水很充足，不用电泵，是水塔供水，1立方水5毛钱，由自来水站工作人员收，生产用水是县上收水费，每亩地40～50元，人口多的人家一个月花50元，人口少的人家一个月花5元就够了，牲畜饮水也多用自来水。原先每亩地一年25～55元的水费，若20亩地能浇1100元水，若山上没水，村里有4口井，用井水不要钱，但抽水要用电费，每度3毛钱，自来水收费村民没意见。村民修河渠都是义务工，因此对生产用水还交钱有意见。

问　村里有没有用沼气的？

答　有，村里有105家用上了沼气，2006年开始，村民比较喜欢用沼气。修一个沼气池需要3500～4000元，双温漏斗式厕所1000元，农民自己买砖修池子，炉子是县上给的，大家都会使用，也很方便，不用架炉子了。夏天太阳充足热量大、火焰大，冬天火小一些。今年村上准备让每户村民都能用上沼气，但县上还没下任务，村民都想用。用新式能源，政府给补贴。

问　冬季取暖是怎样解决的？

答　冬天取暖烧煤炉子、火墙，烧棉花秆子对村里环境影响不大。去年，每吨煤大概是350～400元，若有钱的人家要烧3～4吨煤，没钱的人家大概也得1吨煤。对贫困户村上给每家买煤500公斤，镇上也给500公斤，基本就够用了。村书记的爸爸是这里的比较有名的富裕户，他每年冬天拉一车煤给一村、二村的贫困户分。

问　村上生态环境怎么样？

答 第五村民小组有 5 户人家的地里有输气管道，当年的收成给补贴了，第二年就不管了，石油开发对农民的收成有一定的影响。有 500 亩地被盐碱化了，若不挖排碱渠就会扩大盐碱化，现在还没挖水源，空气未被污染。

问 油田开发对村里有什么好处，油地关系如何？

答 自从油田过来第一口油井打了后，村里有年轻人偷油田设备，有 3 个人被判了 3～5 年的刑。好处是给村里修了路。村里去油田或井队打工的比较多，有四五十人去过，多的 1～2 个月，少的 4～5 天，一天 50 元钱，若长期干每天 35 元。村委会与油田上的人关系比较好。油田上丢了什么东西，一般都通过村委会解决，若怀疑哪个农民拿了，就给农民做工作让还回去。

问 抗震安居房建设状况如何？

答 本村有 300 多户抗震安居房任务，计划 2008 年结束。县政府第一年（2004 年）给 15 户人家按 4000 元水泥钢筋给补贴。2005 年，农民买砖按 6 分钱一块砖，2006 年也是按 6 分钱一块砖；2007 年每户给补 1800 元钱，127 户中有 50 多户已经落实，其他还在解决之中。

问 村里有几个贫困户？

答 村里有 15 个贫困户。2005 年村里给每户 1 只羊、10 只鸡，镇上、县上过年过节送面、送米、送油。

问 农田改造是如何做的？

答 农田改造，我们主要是把那些 1 分、5 分的小块土地规划平整成 4 亩的大块地，另外还开出来许多荒地，2002 年和 2003 年，两年开了 800 亩，田埂也进行了规划，农民自己种地自己出钱。我们还挖了防渗渠，并按耕地多少让村民分摊钱。

问　村委会有几个人？

答　村委会有 7 个人，分别是：

单位：元

姓　　名	职　　务	年龄	学历	津贴	主管工作
许克尔·肉孜	村　长	31	初中	4400	农业、计生、财务
伊不拉音木·司马义	副村长	37	小学	3900	水电、林业
艾合买提·吾甫尔	委　员	33	小学	1700 或 2000 依工作定	一组组长
艾沙·阿不都热依木	委　员	40	小学		二组组长
阿吾东·吐尔地	委　员	43	小学		三组组长
艾海提·依不拉音木	委　员	36	小学		四组组长
库尔班·买买提	委　员	38	小学		五组组长
马丽亚姆·居马	妇女主任	27	高中	3900	计生、户口
木沙·买买提	治保主任	32	小学	3900	稳定、值班巡逻
吐尼亚孜·米吉提	出　纳	33	初中	3000	

问　村里有没有实行村民自治？

答　5 个村民小组长是由各村民小组举手通过的。村长、副村长是由全体村民大会选举产生的。小组长一般每年 1700 ~ 2000 元有补贴，由村里发，每季度都要进行考核。村长去年和今年的电话费每月 50 元，汽油费每年 800 元，损耗每年 700 元。副村长去年和今年的电话费每月 50 元，汽油费每年 700 元，损耗每年 600 元。村长有养老保险，每年 600 多元保险费由村上解决。村妇女主任与副村长一样。妇女主任、治保主任的钱由上面承担，但他们都没有电话费，汽油费、损耗费和副村长一样，也有养老保险。村长和出纳还有意外伤害保险，出纳是选举的，工资由上面发。村支部书记的电话费与村长相同，副书记与副村长相同。书记无养老意外伤害保险。

问　村党支部有几个人？

答　村党支部原有 5 人，有 2 人退休，现有 3 人，分别是：书记居马·巴拉提，副书记库尔班·克里木，村长兼副书记许克尔·肉孜。

问　村里其他组织情况怎样？

答　村里有团支部。但目前团支部书记空缺。村妇女委员会除主任外无其他成员，经常是村长召集妇女开会，一季度一次，主要是宣传计划生育政策，抓计划生育措施的落实。村里有民兵组织，有 5 个基干民兵，免其义务工，由治保主任负责，在村委会值班，晚上巡逻，每村配一辆摩托车（综治办配发）。

问　村里有没有经济实体和其他组织？

答　村里无经济实体。村里有调解委员会，主任是治保主任，无委员。妇女主任负责环境工作，无文化教育机构。由党支部管红白喜事。村党支部主要管政治方面（宗教管理、社会稳定、精神文明），村委会主要抓农业生产。若有矛盾要及时向上级汇报，由上级解决，基本上没有什么矛盾，村里的团结比较好。今年村委会主要工作：一是建了 127 户抗震安居房。二是在第 5 村民小组规划了 295 亩耕地。三是种了 500 亩红枣。四是在第 2 小组和第 4 小组种红枣 400 亩（与棉花一起种），以前上级发的枣树苗成活率不高，村民有意见。于是村民自己购买了红枣子自己种，每公斤 90 元。五是重建村委会，村里花 81.4 万元新建了村委会（村集体出钱）。六是准备改善周围环境：（1）在路两旁搭葡萄架，搞绿化区；（2）将居住房间、养牲畜、果园分开；（3）挖两口水井；（4）还准备挖排碱渠，但排碱渠要上级拨款才能搞，花钱多，主要是资金困难。今年 6 月

27 日精神文明委员会来了很多人，看了感觉很好，并说要推广，还准备给经费支持但还没落实。

问　村干部是如何产生的？

答　书记、副书记上级任命。村委会都是选举的。村委会要差额选举（小组长、出纳除外）。每个位置有 3 个候选人（村长、副村长、治保主任、妇女主任）。村民对选举很热情。

问　什么样的人能选上？

答　我认为有能力的、愿意帮助村民的人容易被选上。书记的当选，一方面是富裕，另一方面是有能力，愿意帮助人。村上明天选人大代表。大体过程：先开动员大会，进行宣传，每 10 个人选出 1 个候选人，第一次选出 40～50 个人，公告 10 天，投票每次减掉 5～10 个人，共 3～4 次，筛选出 4～5 个人，张榜公告 10 天。选举未出现问题。

问　村委会的工作职责有哪些？

答　村委会是为村民服务的。

（1）生产：农机服务，防治病虫害，进行生产动员。村里没有代购化肥等的，只是进行指导，种子、农药统一代购。给贫困户买化肥送去。不给农民代销农副产品，但给予指导。

（2）教育：村里现在没有文盲，我们每年冬天办扫盲班（去年最后一次）。农闲搞农民农业科技学习班（一年 3 次，一次 3～5 天）。镇政府来技术员教，扫盲班由小学校长教。

（3）文化娱乐：村里无电影放映室，有电教设备，有专门的电教室，电视、VCD、电脑都有。有文化活动室，村民常来，里面有象棋、扑克。

（4）生活：村里无托儿所，只有一个商店，村民们不让多开，担心年轻人买烟、喝酒、学坏。村里有医务室，有1个医生，是在阿克苏培训了一年，以前在村医务室帮忙的。

（5）社会福利：村里有6个五保户，由村里的6名党员每人负责一个，帮他们想办法脱贫致富，在农业技术上教他们，在经济上帮他们。村里无敬老院，有一个去当兵的，已退伍，是党员，他有个女儿是残疾，给他家报了3个低保。

（6）每年开12次村民大会（每月一次），主要内容是农业生产、宣传、稳定、政策、林果业、挖渠修路等。一般有180～200人参加，村民积极性较高，村民也敢说，一般都是当场给答复，能解决的尽可能解决。

（7）发展生产：一是选育肥户10户，村集体的地给每户划2亩地作羊圈。二是村民挖清贮饲料坑的，给每户补贴水泥20袋。

（8）今后准备做：一是红枣已种两年了，下一步在嫁接时要做好工作。二是干死的枣树，要补种红枣树苗。三是再为100户村民建沼气池。

（9）和谐社会：一是宣传教育。二是本村有十几个村民偷石油，重的被判3～5年，轻的罚款处理了。三是与村民都签订了构建和谐社会责任书。一些村民用拖拉机、毛驴车偷油卖给土炼油厂，从农田的油井里偷油。今后准备继续加强宣传教育，充分动员十户长监督管理。

（10）新农村建设：正在搞庭院建设、搞三区分开、搞路边绿化，把树砍掉都种葡萄架，把土块房全拆了建砖混结构的抗震安居房。计划：一是庭院建设，50%的三区分开已搞，加强另 50% 的建设。二是要加快林果业的发展，计划再种 700 亩核桃，1300 亩红枣，每家都有，要加强对村民的培训，保证林果业的生产。

（11）村里需要的人才：一是村里缺乏林果业技术人员，现没有这方面的能人，乡里已种枣树 5 年，按说 3 年就能结果，但至今仍无效益。村干部已出去培训了，但专业技术仍不会，镇上林业站的人忙不过来（半月一月来一次），每户都有红枣园 2 ~ 16 亩。二是电教、电脑人才没有。三是畜牧业技术人员有一些，也培训过。镇里也想人才问题，村里有十几个年轻人，每年一个月去镇里进行林果业培训，应扩大人数，他们的技术水平回来后也不过关，我们向镇上打报告了，希望能给我们村里配一个林果业技术人员。

（12）农民种地：村民种棉花的能力比较强，畜牧业能力也强，经济富裕家庭两方面都好，但林果业方面生产能力较为薄弱。村民比较看重文化程度，文化程度高的，其他工作干的也好。农民也看重经商能力、吃苦精神、耕种能力。

问　村民的宗教信仰状况如何？

答　本村没有信仰特别虔诚的人，主要是因为人多地少，要多开荒、多种地才可以致富，村民致富能力比较强。村里有带锯 2 个，每年 1 人能挣 1 万 ~ 2 万元钱。成功的生意人有 2 个，都是代销农产品，如棉花、葡萄、杏子、羊皮、牛羊。有专业技术人员 10 个，分别都是泥瓦匠、木匠、电焊工等。

问　帮贫扶困工作是如何开展的？

答　村上已上报低保户 34 户，参加合作医疗 100%，发生重大事故，村里救助，一般补 1000～2000 元钱。遇到自然灾害，我们就发动没受灾的村组村民帮受灾的村组村民干活，无经济方面的问题。

问　本村贫富差距大不大？

答　村里有 30% 的富裕户，主要有几种情况：一是劳动力多的；二是擅长种地、育肥的；三是地多的；四是做生意的人比较富。我们村书记家比较富：他家有 40 亩地，有 1000 多头牲畜，还代销农产品。村里穷的人主要是：（1）孤寡老人；（2）地少的；（3）劳动力少的。

问　村里的干群关系怎么样？

答　干群关系比较好，现在比以前好，现在村里实行村务公开、财务公开，专门接受村民监督，村民有意见就提，有问题就解决，小问题在村里解决，不闹大。但现在的工作难度还是比较大的，主要是林果业，村民觉得村里土地不宜种红枣，但春秋两季都有栽种指标，还有就是好多栽的树苗干死了，也没结果。再就是修水渠、挖排碱沟义务工太多，按上级规定义务工男 40 天、女 20 天，现均已超过，男的已达 100 多天，今年平均已达 70 天了。所以村民有意见。

问　如何解决这些问题？

答　已经准备再打 2 口水井。水渠应由镇上统一修。应给村民减少义务工。

问　上级与村民之间有无矛盾？

答　有。例如：上级要求种枣，村民种棉花多，这就要给村民做工作，林果业以后发展好，还是种林果业，按上级要求办。再如：在阿合布亚（阿惠）挖渠，每户出资 200 元，村民提出不干义务工，变成发劳务费，因已出物资，所以应由水利部门雇人挖，已报上级。再例如：水费越来越高，已向上级反映。其他无重大干群关系问题。

问　村里有多少党员？

答　本村有 29 个党员，4 个入党积极分子，都是年轻人，男的，以前都是团员。党支部半个月活动一次，开党支部会议，学习、看电教片。技术培训对农民作用很大，提高政治觉悟，一个党员带 2 个团员。

问　村里有多少团员？

答　村里有 58 个团员，半个月活动一次，他们进行政治学习、扶贫帮困、打扫环境卫生、救灾（干活）等。团员发挥作用一般，但也起一些带头作用。入团积极分子有 10 个，另外，有些人喜欢入党，另外通过宣传教育，也可以防止青年人学坏。吸引他们入党，一是经济上，以前每个党员 2 亩地不收费，现开始收回了。去年"三老"人员每人每年 1000 元补贴。二是党团员可以先看电教片学习农业技术，别的村民比较羡慕。

问　当前，党员干部最关注的是什么？

答　希望 60 岁以后能多给些钱，指成为"三老"人员后。去年下文件"三老"人员去世后给 1500 元，但还未实施，村里给 300 元。当村干部并不是为了钱，到其他地方也能挣上，主要是为了不辜负村民的选举才干的。1995 年我是会计，干了 10 年，当了 1 年的治保主任，当了 1 年的副村长，村里人满意，廉政方面也好，村长种 10 亩地，书记种 10 亩地，这都是公开的，村民没有意见。

问　村里有农民协会吗？

答　村里有农民协会，会长是村长，主要是解决热点、难点问题。副村长是副会长，10 户长是成员，积极的农民是会员。村党支部起政治上的指导作用，指导农民协会的工作。村民有什么问题，通知十户长，十户长开会商量后汇报给村委会决定。

问　村里有几个清真寺？

答　村上有清真寺3座，一二组1个，四组1个，五组1个，三组没有清真寺，一般都是在守努提二村清真寺做乃玛孜，在村里一天做5次乃玛孜的人最多不超过20%，我们村无居马清真寺。斋月期间封斋的不超过30%，学生、党员、团员没有信教的。因为村里都有很重的农活要干，因此完全按要求封斋的并不多，封斋的多数是一些年龄大的老年人。

问　村里有没有进行普法教育？

答　五五普法每周一次，是分小组进行的，每个家庭都要写心得体会，每户一个人参加普法考试。主要有《计划生育法》、《林业法》、《刑法》、《未成年人保护法》，去年考试三次，今年写心得。

问　有没有村规民约？

答　村里有村规民约，村里实行自我约束，自我管理，村里任务要全部完成，税费都能按时交清，村民都能较好地遵守法律。

问　村里的治安状况如何？

答　村里24小时都有人值班，晚上2点以后有人巡逻，若发现年轻人在外面流浪，第二天就会给安排义务工。巡逻时也去村民房子检查，看是否有打牌、看黄色录像的。第二天早晨要向派出所汇报，每家每户都签了协议书，是指维护稳定方面的责任书。

问　村民之间的纠纷都有哪些？

答　主要是牲畜吃别人的庄稼之类的事情，主要由治保主任解决，到村委会来之前，十户长已经调解过。宗教人士一般不参与这些事情，村里没有上法院打官司的。村民比较服气治保主任，一般是十户长解决不了的村委会解决，再不行通过司法所解决，目前还没有到司法所的。偷石油发生过2起，无赌博、小偷小摸、吸毒等现象。因为管得严，村民也支持工作。打架的有但不多，婚姻纠纷不多。村民对本村的治安情况比较满意，宣传教育，加强巡逻。抓住一个，就严加管教，以警示他人。2003年有一个"三种人"，已经死了，现在没了。村里有3个劳教的，现在表现还都比较好，治保主任每15天带他们去派出所谈一次话，都有谈话记录，他们要签字，若往亲戚家去，要告知村里，外出要向派出所请假。

问　村里离婚的多不？

答　不多，家庭矛盾主要是婆媳合不来。村里无婚前性行为和婚外性行为。因为村里的人都是常年在一起干活、生活，互相都比较了解，民风比较淳朴。

附录三 牙哈镇2007年社会主义 新农村建设实施方案

　　社会主义新农村建设是加强基层组织建设的基础性、标准性工作。按照县委组织部《关于加强社会主义新农村建设的实施意见》，为有计划、有步骤地搞好社会主义新农村建设工作。现结合牙哈镇的实际情况，特提出如下意见：

一　指导思想、工作思路和基本原则

　　指导思想：加强社会主义新农村建设要以"三个代表"重要思想为指导，贯彻党的十六届四中、五中全会精神及建设社会主义新农村的要求，以巩固提高农村群众生活水平为目标，坚持思想发动，多方联系，分类指导，分步实施，全面构建农村和谐社会，为建设富裕、文明、和谐的牙哈奠定基础。

　　工作思路：以建设高标准农村为目标，明确目标任务，多渠道筹集资金，多方实施改造，在巩固现有水平的基础上，继续抓好配套设施建设和社会主义新农村建设，使每个村都有办公场所，全镇社会主义新农村建设达到一个新的水平。

　　基本原则：（1）因地制宜，量力而行。根据经济实力、承受能力制定修建计划，分步实施。（2）规范实用，注重实效，经济强村要立足长远、适度超前创建标准化活动阵地；贫困村和边缘村要以能够开展活动，发挥作用为标准进行建设；反对相互攀比、盲目举债和增加农民负担的做法。（3）自建为主，建管并重。要克服等、靠、要的思想及重建设、轻管理、有阵地、无活动的现象，做到建管并重，硬件软件一起上，对社会主义新农村办公设施要实行专门登记，专人管理。对建立的规章制度要一次上墙，开展的主题活动及活动内容都要及时记载。

二　总体目标任务和建设标准

总体目标任务：2007 年，社会主义新农村阵地建设 2 个（麻扎巴格、虽润力克），住房要达到抗震要求，一般采用砖混结构，面积在 60 平方米左右。

具体步骤：根据各村基础设施的不同，区别轻重缓急，有计划、有步骤，分期分批地实施建设。（1）村级组织要有独立的院落，院落规划在村民居住区内或相邻居民区，面积应不少于 5000 平方米。院内应设置国旗旗杆，架设高音喇叭，设置篮球场、排球场、葡萄长廊或种植花木草地等，有条件的要添置群众健身器材，院内环境要干净整洁。（2）办公室、卫生室、会议室和文化娱乐室。办公室要能接待群众说话办事，有单独的支部书记、村委会主任办公室，其他村级组织根据办公条件或单独办公或一室多用。会议室要尽量满足召开村民大会、村民议事以及学习培训的需要，房屋建设要符合消防、安全等规定，室外环境整洁，室内窗明几净，各种标牌美观大方，设施摆放整齐规范。（3）有健全的村级组织制度。一般包括村党支部、村委会、妇女代表会、团支部、计划生育、综合治理工作简报要装订成册，党员活动室内"五个好"的内容和党员权利、义务，党支部工作职责、村两委议事规则等一些重要的制度，要制作成板报上墙，板报制作要厉行节约，悬挂要整齐美观。（4）有必备的办公和活动设施，办公室有正常办公和接待群众的必备设施；活动室有党员就座的桌椅和开展电化教育所必备的电视机、VCD、广播、有线电视等，并配备党旗；文化娱乐室设有棋牌、乐器、图书等方便群众学习和娱乐。（5）有规范的档案资料。各项会议记录齐全、规范，文件、合同、票据等要及时归档，统一存放于档案室。要健全社会主义新农村建设的各种档案资料，并加强管理。

三　主要措施

1. 提高思想认识，强化组织领导。加强社会主义新农村建设是抓基层、打基础的一项重要工作，也是巩固党的执政能力建设的迫切需要。各村要统一思想认识，高度重视，切实加强，把此项工作列入重要议事日程，狠抓工作任务的落实。各村要切实加强社会主义新农村建设的组织领导，进一步提高认识，统一思想，将2007年社会主义新农村建设纳入党支部重要议事日程。

2. 多方筹集资金，加大扶持力度。建设社会主义新农村落实资金是关键。2007年社会主义新农村建设资金投入仍然按照"县财政补一点、乡镇财政拿一点、各村自筹一点，对口帮扶单位赞助一点"的办法，各村要积极争取外援资金，确保新农村建设资金按时足额到位，以提供资金保障。

3. 壮大集体经济，促进阵地建设。要把发展壮大村级集体经济作为加强新农村建设的基础工程来抓，立足本村地缘优势和资源优势，紧紧围绕农业产业化经营和二、三产业的发展，兴办各种经济实体和服务实体，增强村级经济实力和服务功能，对距离乡镇较远、有集市传统的村在建设的同时，应建设相应可以对外租赁的门面房，以解决村级组织无钱办事和资金不足的问题。

4. 完善配套设施，建好用好村级阵地。社会主义新农村建设要早计划、早定点、早建设，加强工程质量监督管理，严把设计、招标、施工和验收 4 个关口，确保工程质量。同时，完善配套设施，进一步强化社会主义新农村功能，切实改善群众生活水平。

中共牙哈镇委员会

2007 年 3 月 10 日

附录四　牙哈镇党委关于平安建设的情况汇报

　　牙哈镇地处库车县东 23 公里处，是阿克苏地区的东大门，全镇 24 个行政村，6793 户居民，总人口 30114 人，共有 19 个站所单位，3 所中小学，46 所清真寺，南疆铁路、314 国道在此经过，过境车辆多，流动人口复杂，社会治安管理难度大。

　　平安建设开展以来，牙哈镇始终坚持以"三个代表"重要思想为指导，牢固树立"守土有责，保一方平安"的思想，用"平安建设"统领社会稳定工作，以创建"平安牙哈"为抓手，着力提高维护社会稳定和驾驭治安局面的能力，狠抓各项基础工作落实，努力构建和谐稳定社会环境，为人民群众生产生活提供良好的平台。近年来，国民生产总值增长较快，2004 年 13488.94 万元，2005 年 13719 万元，2006 年 14118 万元。农牧民人均纯收入稳步增长，2005 年 3640 元，2006 年 3933 元。曾先后被评为地区级五好镇党委、红旗乡镇、县级文明单位，2006 年被评为县综合治理先进单位。

一　立足治安防范，强化基层组织建设

　　一是强化基层组织建设。成立了社会治安综合治理、

宗教事务管理、刑释解教人员安置帮教等 18 个领导小组；健全了领导干部责任制、目标管理责任制、重大问题责任追究制和一票否决责任制，镇、村、组、农户层层签订综合治理、宗教事务管理、出租房屋管理等 15 类责任书 6930 余份，签约率达到 100%；按照镇党发（2003）24 号文件配齐配强了综治专职人员，目前镇综治办有 3 名领导、3 名综治干事、3 名宗教统战干事和 24 名村治保主任。采取定期不定期对各村、站所负责人、十户长及宗教人士进行培训，自开展平安建设以来，共举办各类培训班 39 期，参加人员达 1173 人次。

二是建立健全治安防范体系。成立了以村党支部为核心，以治保会、调委会、十户联防、民兵组织等为骨干，以各村、站（所）及学校治安室、警卫室、值班室为依托，以专职、义务联防队伍为主体的基层防范网。全镇共建立十户联防责任区 398 个，十户长 398 人，组建治安联防队 398 个，队员 6407 人。设置村级警务室 2 个，制作民兵、十户联防巡逻袖章 190 个，购置防暴器材 30 套，并督促落实了辖区十户长每人每月 50 元的工作报酬。

二 强化领导，全面落实综治责任制

一是强化组织领导。镇党委、政府高度重视"平安创建"工作，按照建设平安库车的部署要求，召开平安建设专题会议，及时调整充实由镇党委书记亲自挂帅，分管领导直接负责的平安建设领导小组，并根据牙哈镇的实际，确定年度目标，制定实施方案。辖区各村及单位、站所相应成立了平安建设工作领导小组，落实了专门人员负责治安工作，平安建设工作高效运作。

二是统一思想认识。镇党委始终把建设"平安牙哈"工作摆在重要议事日程，统一思想，达成共识，明确目的，做到与党委、政府中心工作同部署、同考核、同评比、同奖惩，确保建设"平安牙哈"工作的顺利开展。

三是定期研究部署工作。坚持每月召开一次社会稳定形势分析会和矛盾纠纷排查调处、信访问题排查调处联席会。建立重大疑难纠纷报告制度，定期排查调解督办制度。针对牙哈镇社会治安出现的新情况、新问题及时研究解决，制定了《处置突发事件工作预案》，组建了镇、村两级应急分队25个，成员308人，其中镇级应急分队1支，成员20人；村级应急分队24支，每队12人。

四是发挥职能作用。狠抓镇"两所一办一队"①建设，完善机制，规范行为，各司其职，各负其责，牢牢控制集镇治安面，化解排除治安问题，充分发挥了保一方平安的作用。同时，镇党委还聘请退休老干部和德高望重的老同志为镇综治工作落实情况督查员，进行工作监督，取得良好成效。

五是积极开展细胞创建工程。扎实开展"平安家庭"、"平安村"、"平安单位"、"平安校园"、"平安清真寺"等细胞工程创建活动，辖区95%的家庭（6546户）、87.5%的行政村（21个）、100%的单位（19个）、93%的清真寺（43个）达到平安创建目标，并做好"平安家庭"命名挂牌工作。

六是提供资金保障。为确保平安创建活动顺利开展，

---

① 两所是指派出所、司法所，一办是指信访办，一队是指突发事件应急分队。

牙哈镇不断加大经费投入，全力保障综合治理和平安建设工作之所需。（1）自开展"平安牙哈"创建工作以来，镇财政拨款 40 余万元综合治理、平安建设工作专项经费。（2）投入 10.2 万元为 24 名治保主任购买了治安巡逻摩托车。（3）督促落实"十户长"每月 50 元的工作报酬。（4）在"村村通油"工程中，由县镇两级财政投资 350 万元修路 35 公里，解决了乡村交通不便问题。与此同时，镇财政还投资 49350 元在新修路段各路口设置了 66 处减速带，16 处限高限宽路卡。（5）成立镇消防安全工作站，落实办公场所及相关设施，并投入 14 万元购置了一辆消防车。（6）出资 22911 元制作平安家庭门牌 6546 个。

三　强化宣传，营造平安建设浓厚氛围

一是采取多种形式进行平安建设宣传。（1）利用广播、宣传栏、宣传车等媒介进行宣传，全镇共出动宣传车 20 台次进行流动宣传。（2）在 850 辆出租车和农运车辆上张贴了建设"平安牙哈"，优化发展环境的宣传标语。（3）在餐饮公共场所张贴了 1140 份平安建设标语。（4）负责制发《建设"平安牙哈"共创美好家园——致全镇广大人民群众的一封信》13500 份，平安宣传及应知应会材料 14500 份，平安家庭建设标准 13500 份。（5）在国道、县道及乡村道路沿线刷写平安建设永久性标语 450 余条。（6）由镇政府出资 68000 元制作了 3 块大型平安建设宣传画板。（7）投入资金 15540 元制作社会治安综合治理、平安建设宣传板 42 块。

二是组织群众业余演出队宣传演出。根据平安建设要求，镇群众业余演出队编排了一组群众喜闻乐见的节目，

到各村巡回演出 30 余场次，深受广大群众欢迎。

三是大力开展法制宣传教育。民主与法制建设和依法治理工作机构健全、措施有力。组织综治、司法、民政、农口等有关部门人员利用巴扎天开展法律咨询活动，发放法制宣传单 6000 余份，宣传中央依法治国的大政方针，受教育群众达 3.5 万人次。对群众提出的法律问题进行了认真分析和解答；充分利用冬季农闲时机，结合科技之冬活动，组织 3 个授课小组深入辖区各村，对广大村民进行法治宣传。领导干部带头学法用法，自觉遵守法律法规。当年领导干部普法考试参加率达 100%，优秀率达 95% 以上。

四是开展"送法进校园"和"把法带回家"活动。开展法律法规的宣传咨询活动，发放《治安管理处罚法》、《未成年人保护法》、《森林法》、《铁路法》、《安全生产法》、《铁路运输安全保护条例》等宣传单 3 万余份。通过多种形式的宣传活动，营造了创建"平安牙哈"的浓厚氛围。

四 立足长治久安，加大源头控管力度

一是坚持"严打"方针不动摇，依法打击各类刑事犯罪活动。镇党委、政府根据治安形势的变化，坚持依法严厉打击各种违法犯罪活动，针对牙哈所存在的打架斗殴、偷窃盗卖等突出的治安问题，加大对重点区域、时段的控制力度；对非法宗教活动和"三股势力"违法犯罪活动，深挖细查、严密监控、露头就打、从严打击，始终保持高压震慑态势，果断处理并及时上报发生的非法宗教活动和"三股势力"违法犯罪活动。同时，确保辖区治安稳定，提高人民群众的安全感。2004 年全镇立刑事案件 55 起，侦破

28 起，受理治安案件 11 起，查处 11 起；2005 年立刑事案件 55 起，侦破 18 起，受理治安案件 63 起，查处 63 起；2006 年立刑事案件 66 起，侦破 29 起，受理治安案件 71 起，查处 71 起。

二是突出重点，扎实开展集中整治工作。按照全县集中整治、专项治理工作的总体安排部署，结合牙哈镇的工作实际，把阿合布亚村、克日西村列为镇集中整治工作重点村，成立由镇领导、派出所干警、蹲点乡干部、村干部组成工作组进驻两个村进行重点整治，通过近一年的集中整治工作，这两个村的社会秩序有了明显改观。积极开展"扫黄"、"打非"活动，在全镇开展非法宗教活动和宗教狂热现象调查，并重点对留大胡子、着奇装异服现象进行整治，定期不定期对辖区市场进行检查，依法管理文化娱乐场所，努力净化文化市场和社会环境。

五　强化为民意识，正确处理矛盾纠纷

一是强化"三项管理"工作。坚持每季度组织人员对流动人口及出租房屋检查，并做好登记工作，及时办理暂住证，签订社会治安综合治理责任书。建立帮教小组 25 个，成员 100 人，同时对全镇的 7 名危安类重点人口、5 名重点塔里甫、近三年来的 25 名刑释解教人员进行重点监控和帮教，安置帮教率达 100%，使其自食其力，遵纪守法。

二是依法加强宗教事务管理。认真落实两项制度，安排 46 个镇机关干部和 46 个村干部联系辖区内的 46 个清真寺，并建立了责任追究制，还分别签订了宗教事务管理责任书。自年初以来，每月召开两次宗教人士会议，组织宗教人士学习国家的法律法规。积极开展"五好清真寺"和

"五好宗教人士"的评选活动。近两年来，全镇没有发生一起非法宗教活动。

三是扎实做好预防青少年违法犯罪工作。利用学校这个主阵地教育青少年增强学法、用法、守法意识。一方面开展"把法带回家"活动，另一方面聘请法制副校长，由镇领导干部、派出所、司法所负责人担任辖区内13所中小学校的法制副校长，每学期到学校为学生讲两次法制教育课，使青少年的法制观念明显增强，连续多年来牙哈镇在校学生犯罪率为零，学校里无封斋、信教现象。

四是稳步推进保护电力设施、铁路护路工作。调整充实领导小组，积极开展"保护电力设施模范乡镇"活动，建立健全村级组织机构。镇、村、各单位层层签订责任书，在全镇范围内开展了各种形式的宣传教育活动，在各主要电力设施路段，每天均安排十户联防等群防群治组织巡逻检查，全镇未发生一次性经济损失5万元以上破坏电力设施的案件。在加强铁路护路工作中，我们与铁路沿线各村签订责任书，明确责任制，加强十户联防和民兵组织对铁路的巡逻次数和力度，未发生一起破坏铁路设施、中断铁路运输重大事故案件。

牙哈镇在平安建设工作中取得了阶段性成效，但是新形势、新任务对进一步做好平安建设工作提出了新的更高要求。我们将继续贯彻"打防结合，预防为主"的方针，还要继续重点抓好以下几项工作：

1. 牢固树立执政为民的意识，强化领导，建立健全社会防控机制，认真落实综合治理各项措施。在小城镇建设竣工后，要全面推进"技防"措施的落实。

2. 坚持"严打"政策，积极开展重点整治，继续保持对各类刑事犯罪的高压态势。

3. 积极开展矛盾纠纷排查调处工作，认真解决影响稳定的问题，努力维护社会稳定。

4. 加大宣传力度，深入开展普法教育和综治宣传工作，增强辖区群众法制观念。进一步加强流动人口管理和刑释解教人员的安置工作，加强青少年法制教育，推进基层依法治理工作。

牙哈镇党委

2007 年 7 月 11 日

附录五 牙哈镇 2007 年上半年抗震安居工程工作汇报材料

一 基本情况

牙哈镇有 24 个行政村,一个牧场,120 个村民小组。2007 年县上给我镇下达的抗震安居工程任务是第一次 1300 户,第二次增加了 800 户,总任务为 2100 户。其中特困建房户 48 户,我们以"工程质量管理年"为契机,从抓规划,抓质量,抓进度入手,现已开工 1317 户,主体完工 904 户,竣工 480 户,入住 206 户。

二 具体做法

(一)加强领导,提高认识,为抗震安居工程提供强有力的组织保障。牙哈镇的抗震安居工程是镇党委、政府贯彻落实上级党委、政府为各族群众办实事、办好事的重要举措,镇党委、政府对此十分重视,扎实有效地开展了一系列工作:一是把抗震安居工程工作列入党政重要议事日程,每天对抗震安居工程工作进行安排部署;二是成立了以镇党委副书记、镇长和其他副职领导为副组长,各(站)所所长和各村(居)党支部书记为成员的抗震安居工程建设领导小组,领导小组下设办公室,由一名副镇长负责日常工作，并配备村镇助理员 9 人，各村（居）也分别成立了抗震安居工程建设领导小组，建立健全了抗震安居工程三级管理机构；三是层层签订目标责任书，将工作任务层层分解，一级抓一级，层层抓落实，为保证工程进度和质量提供了强有力的组织保障；四是坚持落实"一日三项工作制度"，即抗震安居日检查工作制度、日汇报工作制度和日安排工作制度。

（二）充分运用现有载体，加大抗震安居工程的宣传力度，营造全民动手的良好氛围。我们认真贯彻"从群众中来，到群众中去"的方针，充分运用农闲季节，科技之冬举办培训班，对管理人员及农村建筑工匠、建房户进行抗震安居工程建设知识培训，聘请有资质的工程技术人员给他们讲课。内容包括《农村住房抗震建设挂图培训读本》、《施工图纸》、《自治区村镇抗震安居工程质量监督检查及验收要点》等方面的知识，并采取放广播、发通知、贴标语、挂横幅、印发工程图和散发传单等各种形式，给农民讲解危房、旧房在地震中给人民生命财产和安全带来的巨大损失和灾难，以及建设抗震安居房的重要性和必要性，引导农民盖抗震安居房，住放心房。截至目前，全镇共培训 8 批（包括现场培训）2800 余人，发放抗震安居宣传手册 1000 余份，悬挂横幅 12 条，永久性标示 122 条。

（三）坚持规划先行，试点引导，扎实做好抗震安居整村推进和社会主义新农村建设工作。今年，我镇以建设地区级社会主义新农村建设示范点（虽润力克村和麻扎巴格村）为契机，根据城镇化建设进程和社会主义新农村建设的要求，聘请县规划局为我镇符合建房条件的几个村（居）按照集中连片的原则进行整体规划，一是严格落实"四个统一"，即统一规划院落，统一规划道路，统一规划设计，统一进行施工，并与村镇规划、村镇路网、供水、供电、广播通信、电视电话等工程及村容村貌综合环境整治相结合，科学规划，分步实施。已经完成6个村的规划，已建成居民小区6个。二是把抗震安居工程同社会主义新农村建设工作结合起来，坚持在"不占用基本农田"的原则上因地制宜，合理规划宅基地面积，实行住宅区，养殖区"三区"分离。

（四）加强工程质量安全监督，严把工程质量关。一是严把工程质量关。确保工程质量是抗震安居工程建设的核心问题，我镇严格按照自治区《村镇建筑抗震构造图集》，《农村民居抗震安居建设实施细则》、《抗震安居工程质量监督检查及验收办法》等规定，认真落实"一书一证"制度，对所有建房户进行计算机录入管理，建立一户一档，在建房前严格要求建房户与施工人员签订合同，建房户与村签订保证书，坚持抗震标准，按图施工，并按照"完工一项，验收一项"的要求，由乡镇干部和村干部监督并认真填写工程验收单。二是开展定期、不定期巡查，专门成立了抗震安居工程质量和进度巡查组，并专门定做抗震安居工程质量监督工作证，定期不定期地深入施工现场，对工程进度、工程质量进行巡查，发现问题及时解决，对不符合质量要求的，该推倒的要推倒重建，决不姑息迁就。对工程质量实行终身负责制，哪个环节出问题，就追究哪个环节的责任，谁出了问题，不管到哪儿都一追到底。三是制定并完善了"五级网络责任追究制"。即：对口领导责任追究制；村党支部书记责任追究制；村分管领导责任追究制；村镇助理员责任追究制；工匠责任追究制。四是抓好工匠资格审查关。所有参加抗震安居工程建设的工匠必须参加抗震办举办的培训班，经过统一考试，合格后统一发放上岗证书，否则，禁止上岗施工。

（五）积极协调，加强管理，努力建成人民满意工程。一是认真落实各项优惠政策。凡是修建抗震安居房的农户除落实县抗震办每户补助 3000 元的政策外，村委会努力帮助建房户搞好备料工作，镇抗震办为建房户无偿提供施工图纸，同时，在每年砖厂砖比较紧张的情况下，镇抗震办积极与几家砖厂协调，对我镇建房户优先供应建房用砖。同时，各村（居）根据自己的实际情况，对建房户进行帮助拉料，挖基础，填砂料，打混凝土等，以此鼓励建房户早日搬入具有抗震能力的新居。二是认真组织开展回头看活动。为了提高工程质量，4 月份，镇上抽调了 28 名机关干部，对 22 个村开展工程质量回头看活动。活动内容包括是否按图施工，窗间尺寸是否合适，围墙上有无窗户、基础深度及宽度、砂浆标号、墙体是否留直、有无拉接筋、混凝土过梁是否规范、房屋结构、房屋面积等，并发放了征求意见表，广泛征求群众对抗震安居工程的意见和建议，此项活动的开展极大地鼓舞了广大建房户建好房、建抗震房的积极性。三是抓好抗震安居工程资金的使用和管理。抗震安居资金实行专人专管，专款专用，对每一笔资金的拨付和使用都要进行严格审核，严格把关，定期张榜公布，接受群众监督，为了给贫困户建房筹集资金，我们联系县直单位和企业捐款 30 万元，极大地缓解了贫困户的建房压力。

（六）早部署，早动手，早落实。为了保障工程进度，降低抗震安居建房成本，调动广大建房户的积极性，我镇于 2006 年 11 月开始，利用冬季建材价格较低的有利时机，充分调动农民的建房积极性，动员建房户准备建房物资，为今年抗震安居工程的顺利实施奠定了坚实的基础。在今后的工作中，我们一定要紧紧围绕社会主义新农村建设这一主题，坚持科学发展观，求真务实，开拓创新，圆满完成今年抗震安居工程建设的各项任务。

牙哈镇人民政府

2007 年 7 月 13 日

后 记

　　农村的改革开放带来了中国社会翻天覆地的巨大变化，中国的农业、农村、农民即"三农"问题也随之发生了变化。边疆少数民族地区农村伴随着中国经济社会的发展变化也呈现出了新的面貌。对这一问题进行调研，有助于全面了解和掌握边疆少数民族地区社会经济发展状况。

　　该课题是中国边疆史地研究中心当代中国边疆民族地区典型百村调查的一部分。2007 年 8 月，我们根据课题的设计和要求组成了课题组，组长是新疆社会科学院科研处副处长、副研究员王磊同志，课题参加人有新疆社会科学院马列研究所副所长、副研究员何运龙，新疆社会科学院法学研究所副研究员古丽燕，新疆社会科学院人事处副处长、副研究员阿丽努尔，新疆社会科学院法学研究所副研究员菲尔东·帕塔尔，新疆社会科学院法学研究所实习研究员陈琪，新疆师范大学研究生谭成民等人。承担的任务是到新疆阿克苏地区选择 5 个有特点的村进行实地调查并写出调查报告。

　　课题组于 2007 年 7 月赴南疆阿克苏地区，第一站到阿克苏地区乌什县亚曼苏乡尤喀克亚曼苏村进行了为期三天的调研活动，选择亚曼苏乡主要是因为这是一个柯尔克孜民族乡，选择尤喀克亚曼苏村主要是因为这个村的民族团结搞得比较好，这里有柯尔克孜族、维吾尔族、汉族，互相之间相处得都不错。第二站到阿克苏地区库车县比西巴格乡格代库勒村进行了为期三天的调研，选择格代库勒村主要是因为在这个以维吾尔族为主的村庄里有 10 户汉族群众，他们在一起和谐相处几十年，并且有互相通婚的情况。第三站到比西巴格乡的科克提坎村进行了为期三天的调研，选择科克提坎主要是因为这个村距离乡政府比较近，经济指标相对较好。第四站到库车县牙哈镇阿合布亚村进行了三天的调研活动，选择阿合布亚主要是因为这里种植的木纳格葡萄非常出名，农业结构调整基本到位，已经形成了葡萄生产基地。第五站到牙哈镇守努提一村进行了为期三天的调研活动，选择守努提一村主要是因为这里发现了石油和天然气，并且这里是库车县的东部边缘地带，西气东输的集气站和输气站就建在村东不远处，还因为守努提一村在 2000 年和 2005 年曾两次被评为县级"文明村"，并正在积极争取地区级文明村。

课题组在调查过程中，得到了乌什县、库车县及有关乡镇领导和村基层组织的大力支持和帮助。在库车县调研期间，库车县政法委给我们安排让他们的干部艾则孜江·尼亚孜专门陪同我们一起调研，客观上帮助我们解决了语言翻译问题，为我们找人和搜集资料起到了很大的帮助作用。当地村民在农忙时节，放下手中的活计，认真回答我们所提的每个问题，完成我们的每一份调查问卷。在此对他们所给予的支持和帮助表示衷心的感谢。

调研回来之后，课题组安排由我主持完成对守努提一村调查报告的写作工作。书稿中所使用的数据、资料和照片基本上都是调研期间在县、乡、村获取和拍摄的，访谈资料是由课题组人员在调研回来之后根据记录整理的。问卷是由新疆社会科学院社会学所张敏统计分析的。但由于语言方面的障碍，我们所收集的资料是非常有限的，这在客观上对写作也造成了一定的困难。

书稿在撰写过程中得到了新疆社会科学院中亚所研究员马品彦、社会学所研究员李晓霞、科研处副研究员王磊、中亚所副研究员石岚、法学所副研究员古丽燕、法学所副研究员菲尔东、法学所助理研究员陈琪、社会学所助理研究员张敏、中亚所范红莲、图书馆王福以及牙哈镇驻村干部尔肯·肉孜、阿布都拉·赛都拉等同志的帮助和指导。中国边疆史地研究中心厉声主任和李方老师在书稿编审和出版过程中也给予了很多的帮助和指导。社会科学文献出版社的编辑们为此书的出版，付出了很多心血。在此一并表示衷心感谢。

尽管调研组和作者为保证本书的内容准确和完整付出了巨大努力，花费了大量的时间和精力，但仍难免会出现谬误或者遗漏，敬请读者给予谅解和批评指正。

何运龙

2011 年 2 月 10 日

图书在版编目（CIP）数据

西气东输源头上的维吾尔族村庄：新疆库车县牙哈镇
守努提一村调查报告／何运龙著．—北京：社会科学文
献出版社，2012.6
（当代中国边疆·民族地区典型百村调查．新疆卷．
第2辑）
ISBN 978 - 7 - 5097 - 3210 - 6

Ⅰ.①西…　Ⅱ.①何…　Ⅲ.①农村调查—调查报告—
库车县　Ⅳ.①D668

中国版本图书馆 CIP 数据核字（2012）第 048412 号

当代中国边疆·民族地区典型百村调查：新疆卷（第二辑）

西气东输源头上的维吾尔族村庄
　　——新疆库车县牙哈镇守努提一村调查报告

著　　者／何运龙

出 版 人／谢寿光
出 版 者／社会科学文献出版社
地　　址／北京市西城区北三环中路甲 29 号院 3 号楼华龙大厦
邮政编码／100029

责任部门／人文分社　（010）59367215　　责任编辑／孙以年
电子信箱／renwen@ ssap. cn　　　　　　责任校对／郭红生
项目统筹／宋月华　范　迎　　　　　　　责任印制／岳　阳
总 经 销／社会科学文献出版社发行部　（010）59367081　59367089
读者服务／读者服务中心　（010）59367028

印　　装／北京季蜂印刷有限公司
开　　本／889mm×1194mm　1/32　　　　本册印张／8.875
版　　次／2012 年 6 月第 1 版　　　　　　本册插图／0.125
印　　次／2012 年 6 月第 1 次印刷　　　　本册字数／196 千字
书　　号／ISBN 978 - 7 - 5097 - 3210 - 6
定　　价／196.00 元（共 4 册）